神様の摂理の着地点は私の家庭

天の父母様に侍る選民祝福家庭と家庭教会の安着

天の父母様聖会　世界平和統一家庭連合

はじめに

二〇二五年は、真の父母様による新しい「年頭標語」の発表とともに幕を開けました。

「創造主・天の父母様に実体で侍《はべ》って生きる天一国《てんいちこく》十三年、全世界の祝福家庭は、真の父母様と一つになった選民として責任を果たす天一国の真の子女になろう！」

真のお父様の聖和《ソンファ》後、天一国元年天暦十二月一日（二〇一四年陽暦一月一日）から一貫して変わることがなかった年頭標語が、天一国十三年を迎えるに当たって大きく変化しました。さらに宣布後、真のお母様は「これが天一国十三年、きょう、乙巳《きのとみ》の年から始まり、代々続いていく元旦のみ言《ことば》です」とも加えられました。

代々続いていくみ言だと語られながらも、ここに「天一国十三年」が入っています。これは、天一国十三年に限定された年頭標語という意味ではなく、代々続いていく年頭標語に、あえて天一国十三年を明記されたと捉えることができます。

なぜでしょうか？

真のお母様はかねてから二〇二五年（天一国十三年）の重要さを強調されてきました。天の摂理の完成、人類歴史の完成とも意義づけてこられた二〇二五年四月十三日。天苑宮《チョヌォングン》・天一聖殿入宮式は天の摂理にとっても、私たち人類にとっても、それだけ重要な瞬間であるということです。

摂理的にも、人類歴史的にも重要な大転換点を迎えた今、年頭標語を通して改めて、私たち祝福家庭の位相と責任を明確にしてくださったのです。

それでは、この年頭標語を通して私たちが理解すべきポイントは何でしょうか。

第一に、神様を天の父母様として地上にお迎えし、実体で侍《はべ》って生きることができる天《てん》一国《いちこく》十三年を迎えたということです。

侍るのはもちろん、私たち子女です。六千年を経て初めて神様を地上にお迎えし、私たち子女がその神様を天の父母様として侍って生きることができる時代を迎えました。

神様を天の父母様として迎える責任は、私たち子女にあります。神様がアダム・エバを通して果たそうとされていた創造理想の夢が、「私」の家庭に着地するのです。天の父母様と真の父母様を中心にお迎えした「神《しん》家庭」こそが、これからの天の摂理の要です。

天苑宮・天一聖殿入宮式を歴史の一つの行事として終わらせてしまうのか、それとも天の摂理の大転換として受け止め、天の父母様を迎えた「私」の家庭こそが摂理の完成の結実であるとして自覚できるのかは、私たちの姿勢に懸かっています。

第二に、私たち祝福家庭こそが、現代摂理の「選民」であるということです。

韓民族選民大叙事詩を通して、私たちは「選民」という言葉の意味を深く理解することとなりました。「選民」という言葉を通して、韓民族が単なる血縁的、地域的な群集体ではなく、特別な目的と性格を持った運命体であることが明確にされました。そこには天の父母様を中心とした「摂理」という、特別な計画とみ旨が存在したということです。

さらに、韓民族を「誰が」選民として選んだのか、ということに重要な焦点が当てられています。そのような観点から、「選民」という言葉を通して真のお母様が明らかにしようとされているのは、創造主である「天の父母様」なのです。選民を召命されたのは、ほかでもなく、天の父母様であるということです。

その上で、真の父母様が顕現されてからの「選民」の意味は、特定の地域に限定されるものではありません。真の父母様の祝福を受けて、真の血統に生まれ変わった私たち祝福家庭こそが、まさに天の選民なのだと、真のお母様は強調されます。

すなわち、私たちを召命したのは天の父母様であることを、改めて明確にされているのです。その上で、選民の資格を得るための絶対条件が、真の父母様と一つになった祝福家庭であるということです。

「私と一つになればすべてを超えられる」。真のお父様が聖和《ソンファ》された後、地上の摂理に責任を持たれた真のお母様の口を通して、私たちは何度もこのみ言《ことば》を聞いてまいりました。一つになるとは、心情と事情と願いが一致するということです。真のお母様が語られる、真の父母様と一つになった「選民祝福家庭」への期待を、私たちは正面から受け止めていかなければなりません。

第三に、子女としての責任の自覚です。

これまでの年頭標語は「天一国《てんいちこく》の真の主人になろう」というものでしたが、二〇二五年からは「天一国の真の子女になろう！」です。神様が父母として立たれるので、子女の位相が明確になったということです。私たち祝福家庭は天の父母様の息子、娘です。子女なのです。

子女の責任とは何でしょうか？　父母に似ることです。父母のすべてを相続できる子女になることです。その基準が、神《しん》氏族メシヤの勝利であり、天寶《てんぽう》家庭の基準を全うすることです。それが子女として行くべき宿命の道であり、それ以外に父母の勝利圏を相続する道はないと、真の父母様は生涯を通して私たちに教えてくださいました。それでこそ、天一国の主人になれるのです。

このような子女の責任、神氏族メシヤの勝利を考えるに当たって、私たちが振り返るべき内容が、「家庭教会」摂理です。本来、真の父母様の御聖婚から二十一年間が父母の責任時代であり、一九八一年からが子女の責任分担時代と言われていました。この一九八一年を中心としてその前後、五年間連続して年頭標語に入った言葉が、「家庭教会」です。つまり、この時は子女の責任において家庭教会、ホームチャーチを勝利することが摂理の中心でした。

本来は、アベル圏、すなわち自分の家族・氏族圏を愛して伝道する前に、カイン圏を先に愛して、み言を伝えるというのが原則でした。そのカイン圏を伝道しに行くのが、まさにこの家庭教会、ホームチャーチ三百六十軒の摂理だったのです。この頃の真のお父様のみ言には、今、私たちが取り組んでいる神氏族メシヤや地域化に通じる内容がたくさんあります。

しかし、この家庭教会摂理において、私たちは天の願われる基準を達成することができず、そのことゆえに、大きな十字架を真のご家庭が背負われることになりました。一九九一年から氏族メシヤの勝利に向かって大号令がかかり、アベル圏の家族、氏族を愛し伝道していく摂理に転換されていきましたが、それは私たちが勝利したからではなく、どこまでも真の父母様の犠牲と勝利の恩恵のもとに迎えた時代圏であったことを理解する必要があります。

一方で、自分の住んでいる地域を愛し、そこに住む人々と和合しながら、地域を天一国《てんいちこく》化していく取り組みは今こそ、必要とされています。私たち祝福家庭が真の父母様を中心として一つになり、自分の住む地域を愛して長子権を復帰した基盤をもって、神氏《しん》族メシヤに向かっていくという原則は変わらないのです。その取り組みをするに当たって、真の父母様が語られた「家庭教会」摂理に関するみ言《ことば》から多くのことを学べるでしょう。

このような理解のもと、本書は三部構成として真の父母様のみ言を選び、抜粋して整理、編集しました。

第一章では、まず私たちが自らの家庭を天の父母様に侍《はべ》る「神家庭」にすることを目指すというテーマで、模範となる家庭をつくること、家庭で夫婦、親子が共に天の父母様に侍ること、家庭天国を実現することなどを強調するみ言を掲載しました。

第二章では、そのような家庭を築いた上で、私たちが自分の家庭にとどまるのではなく、祝福家庭として真の父母様を中心とする一つの氏族となり、さらにそこから家庭教会を経て、神氏族メシヤに至るまでのみ言を収録しました。

第三章では、真の父母様が二〇二五年の元旦に発表された年頭標語を中心として、先ほど述べた三つのポイントに分けて、み言を集めました。

時代は大きく転換しています。流浪の蕩減《とうげん》時代を経て、今は安着の時代です。六千年の救援摂理が求めてきた人類の真の父母を迎えて、共に天の父母様の夢をかたちにする時代です。創造本然の神様の位相が安着し、創造理想が安着する時代です。その摂理の着地点こそ、「私」の家庭です。そこから、地域の天一国化、神氏族メシヤの勝利が始まるのです。すべての祝福家庭が、選民としての自覚を胸に、「神家庭」安着を目指して前進してまいりましょう。

二〇二五年二月

天の父母様聖会 世界平和統一家庭連合

天の父母様に侍る選民祝福家庭と家庭教会の安着・目次

第三章　天一国安着時代の摂理

第一章　天の父母様に侍《はべ》る神《しん》家庭

まず家庭生活において模範になる

自分の家庭を中心として、天のみ旨を家庭から立てる活動をしなければなりません。そのためには、父と母から変わらなければなりません。

これから伝統を立てるにおいては、まず統一教会（家庭連合）に長くいる人が、息子、娘の前に伝統を立てなければなりません。伝統を立てるに当たって、信じられる父母にならなければならず、信じられる兄弟、信じられる夫、妻、信じられる息子、娘にならなければなりません。家庭から整理しなければならないのです。（天一国経典『天聖経』第十一篇 第四章 第一節16）

今まで、歴史では、ある個人なら個人を模範にしようとし、社会が変われば、発展した社会を模範にしようとしました。そのために努力した人が多くいたのであり、またそのような国家も多かったのです。しかし、模範にしようと思う家庭はありませんでした。

今までの世界思潮では、そのような家庭が現れることができなかったのです。「誰々の家庭を模範にしなさい」という主義が出てこなかったのです。あの国を模範にしなさい、誰それを模範にしなさいという主張などはたくさんありましたが、あの家庭を模範にしなさいという主張は出てこなかったのです。

したがって、最後に残された問題とは何でしょうか。私たちが崇拝できる個人や国が出てくることではなく、万民が仰ぎ、敬うことができる家庭が出てくることです。

そのような家庭だけが新しい世界を創建し、この宇宙に永遠の幸福が宿るようにできます。そのような家庭で私たちが安息するようになれば、幸福の基盤がつくられるのです。（天一国経典『天聖経』第二篇 第二章 第四節 7）

どのような社会だったとしても、家庭を除くことはできないのです。家庭を復帰できなければ、世界を復帰できません。その次には、その家庭を中心に天宙主義を完成しなければなりません。

天宙は、天地を総合したものです。天と地は、人間において体と心と同じです。この体と心が一つにならなければなりません。一つの主体があれば、一つの相対が必要なように、一人の男性には一人の女性が必要だというのです。男性と女性が一つになった所が家庭で

す。この一つの家庭を中心としなければ、神様の愛の基盤が定まらないのです。（天一国経典『平和経』第四篇14）

天宙主義というのは、体と心を合わせたのちに、神様の愛の本体になる家庭を築き、その理念を霊界と肉界に連結させる主義です。天宙の「宙」の字は、家を意味します。それで、「天宙主義」という言葉を使うのです。

天宙は無形世界と実体世界を合わせたものです。これが私たちと、どのような関係があるのでしょうか。私たちには家庭が必要だというのです。

皆様が家庭において一つになれなければ、天宙主義と関係ありません。家庭こそは天宙主義を完結させる最終基準になるのです。ここで平和の歌を歌えず、幸福を賛美できない人は、この地上においても霊界に行っても、不幸な人になるのです。（天一国経典『平和経』第四篇14）

個人の信仰は、いい指導者に出会いさえすればいいのです。しかし、家庭では、互いに指導者とならなければなりません。家庭は、誰のため、何のために生きるかが問題です。

独りのときは、祈ればすべてのことがうまくいきました。しかし、家庭では、反対する人がいれば、その十字架を背負って本然の基準まで貫いていかなければなりません。個人は客車と同じであり、家庭は機関車と同じです。個人が失敗したものを復帰するのは簡単です。しかし、家庭的に失敗すれば破綻なのです。（天一国経典『天聖経』第十一篇 第四章 第一節 12）

今までの信仰生活は、「私」一人を取り戻すためのものでした。失ってしまったアダムとエバと同じ立場で、原罪のない本然の個体を取り戻すためのものでした。今、神様が最後に願うこととは何でしょうか。まずは、神様の愛を中心として、個体と個体を合わせた一つの家庭を取り戻すことです。

さらには、神様が愛するその家庭を中心として、そこから広がる氏族を取り戻し、民族と世界を取り戻そうというのです。これが神様の全体的なみ旨です。（天一国経典『天聖経』第八篇 第一章 第一節 4）

家庭は、個人完成の基準となり、教会完成の基準になります。個人がいくらみ旨の前によくやったとしても、家庭ができていなければ駄目です。ですから、家庭が問題です。家庭を見れば、ここには一面だけがあるのではなく、両面があります。男性がいて女性がいます。その次には、男性と女性を中心として子女がいます。このように四方性が備えられています。

この四方性を中心として見るとき、家庭は人間の意志で形成されたものではありません。家庭こそ、み旨を中心として個人を完成することができる所であり、教会の出発点です。

もし誤れば、教会内で収拾するのではなく、家庭自体内で収拾できる起源をもたなければなりません。そのような起源をもてない人は、教会でも収拾する道がありません。

天国は個人を中心としてできるのではなく、家庭を中心として四方性と立体性を備えた土台からできるのです。（天一国経典『天聖経』第五篇 第四章 第二節10）

皆さんには食口《シック》がいるので、兄弟同士、愛を与え合い、互いが互いのために与えられる人にならなければなりません。

そのような模範食口になるべきです。統一教会であれば、教会の食口全体が敬える男性、女性にならなければなりません。

これからは、切るものは切り、解体するものは解体しなければなりません。皆さんの思いのままにしてはいけません。

統一教会は、天国を成し遂げなければならない教会なので、個人ではなく家庭を探し求めなければなりません。家庭生活で手本になれない人は、世界的に指弾され、全天宙的に指弾されるでしょう。（天一国経典『天聖経』第十一篇第四章第一節9）

教会が問題なのではありません。家庭において神様が定着したのか、というのです。原則的なことが問題です。

神様は、個人から定着しなければならず、家庭でも定着しなければなりません。家庭で定着できなくては、祭司長になれません。本当の祭司長にはなれないというのです。家庭で夫婦がケンカをして、教会に出てきて礼拝を捧《ささ》げれば、そこに神様が共にいらっしゃると思いますか？　教会に神様をお迎えする前に、まず家庭に神様をお迎えしなければならないのです。あらゆる前後関係が、そのようになっています。（一九七〇・八・一六）

私たちは、心情を離れては生きられません。自分が大統領だとしても、あるいは世界的なすべての権威をもっていたとしても、心情的な喜びを表せる所がなければ、生きられないのです。

自分が率いる人々や閣僚、もしくは追従する人々に対しては、心情的な満足を感じられません。それは家庭で感じなければなりません。家庭に帰ってきて、夫婦が互いを通じて喜びを感じ、また子女を通じて喜びを感じなければなりません。そうして、その喜びを他の人に誇れなければならないのです。

その喜びは、一次的な喜びであって、二次的な喜びではありません。神様も同じです。この世界をすべて復帰したとしても、家庭のない神様は喜べないというのです。結局、家庭がなければならないのです。（天一国経典『平和経』第四篇14）

宇宙の愛をすべて受けて、全宇宙の中心的な存在として生まれたのが、正に私です。愛によって生まれ、愛によって育てられ、愛によって生き、また愛を残すのが人生における最高の目的です。自分の家庭において、宇宙の中心である愛の使命を果たすのが、最も価値あることです。（天一国経典『平和経』第四篇14）

真の「私」と「私たち」

神様は人類の真の父母であられるがゆえに、失った子女をそのままあきらめることはされません。愛なる神様であられるがゆえに、御自分の子女を捜し出し、再び懐に抱《いだ》かなければならないのです。そうして、太初に夢見た平和理想を実現されなければならないのです。

神様の願いは、人類の真の父母になり、「神様のもとの人類一家族」理想を実現することでした。「父なる神」だけでなく、「母なる神」、すなわち「天の父母様」となり、個人、家庭、氏族、民族、国家、世界が神様を父母として迎え、神個《しん》人、神家庭、神氏族、神民族、神国家、神世界になるように導くことでした。（真のお母様、『人類の涙をぬぐう平和の母』、四ページ）

神様を中心として、真の愛の血統を受け継いでいたならば、真の生命、真の血統と真の良心をもった真の「私」になったでしょう。堕落によって偽りの私になったので、体と心が闘っているのです。

今や本然的アダム家庭の世界型版図に加入すべき時代に入ったので、全世界の人々が家庭を中心として完成しなければなりません。完成すべきものは何でしょうか。堕落した家庭を蕩滅《とうげん》復帰した家庭にしなければならないのですが、これは、「世界平和統一家庭連合」を通して、世界的に各自が努力して備えなければなりません。

完成は、アダムとエバがしなければならないのです。神様がしてくれるのではありません。真の父母がしてくれるのではありません。これができることによって家庭連合が形成されるのです。これは、世界的な組織です。

堕落した世界のアダムの血統を越えるのです。山を越え、坂道を越えるように、復帰過程を上がっていって失敗すれば、いつでもこれを繰り返すのです。何百万年、何千万年、繰り返すのです。（天一国経典『天聖経』第十一篇 第五章 第二節23）

皆さんは、取り戻すべき本然の自分を置いたままでは、喜べない自らであることを知らなければなりません。悲しみに置かれている自らであることを知らなければならないのです。しかし、ある世界を見て悲しく思うのではありません。悲しみや苦痛を感じるとしても、ある相対的な世界で起こる悲しみや苦痛を感じるのではなく、真の「私」を探せない悲しみ、真の私を探せない苦痛を感じなければなりません。世の中に悲しみと苦痛がたくさんあるとしても、真の私を探せない悲しみと苦痛ほど、ひどい苦痛と悲しみはありません。

それでは、創造主である神様は、今まで誰を求め続けていらっしゃいますか。皆さん自体、すなわち私を訪ねてきていらっしゃいます。ですから、真の私が完全に決定されなければなりません。

そうすることができないとき、完全に一つの実体を中心とした真の家庭、真の家庭を中心とした社会、国家、さらには国家を単位とした世界、世界を単位とした天宙とは、関係を結ぶことができません。

ですから、完全な私になることが、すべての段階の一番の基準になるのです。（天一国経

典』『天聖経』第八篇第一章第三節22）

人間は堕落によって、真の「私」の位置を探し出すことができなかったので、神様も「私たち」という言葉を使用してみることができませんでした。創造理想的意識圏内に立つことのできる神様御自身が「私のもの」、「私の子女」と言える関係を結ぶことができなかったのです。したがって、私たちがもっている「私」という概念は、神様の本来の創造理想とは何の関係もないものなので、私たちは自らを完全否定しなければなりません。

神様は、御自身が安心して「私たち」と呼ぶことのできる真の男性と真の女性、すなわち神様の真の息子、娘を探し求めて復帰摂理をしてこられました。言い換えると、神様は、愛の主体、生命の主体、血統の主体であられるので、永遠に一体不可分の基準に立っている真の息子、娘を探し求めてこられたのです。ですから、私たちは、まず心と体の統一によって個人完成し、その基盤の上で神様と父子間の縦的関係を樹立しなければなりません。

しかし、縦的な関係だけでは「私たち」という言葉は成立しません。そこには必ず横的な関係が共に調和しなければなりません。したがって、男性と女性が、真の祝福結婚を通して真の夫婦関係を結び、真の子女を生んで真の家庭を立て、三代を中心として四位《よんい》基台を完成してこそ、天は家庭単位で「私たち」と呼ぶことができるようになるのです。（天一

国経典『平和経』第一篇10）

神様の立場にいる父母は、真の愛を中心とする「正分合」の論理から見れば、「正」の立場で完全投入、絶対投入することにより、子女を生み、養育して、縦的な「私たち」の軸を立てなければなりません。

そして、横的には、夫婦が「分」の立場で、真の愛を中心として完全一体になって横的な軸を立てるようになれば、子女たちは「合」の立場で、自動的に縦横の軸に合わせて一つになりながら、兄弟間には前後関係という、また別の軸が立てられるようになり、その時に初めて、縦横と前後に完全な「私たち」の概念が実体的に展開するのです。

ですから、家庭が大切なのです。家庭こそ、天が私たちに与えてくださった最も貴い贈り物です。家庭という環境がないとすれば、私たちは、いかにしてこのような絶対的基準の「私」を探し出し、縦横や前後に完全な「私たち」というものを考えてみることができるでしょうか。家庭こそが、愛と平和と幸福の揺籃《ようらん》なのです。（天一国経典『平和経』第一篇10）

それでは、真の「私」は、どこから探し出すことができるでしょうか。ために生きる真の愛を実践する生活においてこそ、それは可能なのです。自分を完全に否定し、家庭のために生き、国のために生き、世界人類のために、そして神様のために生きるようになれば、真の私は自動的に探し出されるのです。

私たちは自らを前面に立て、自分をむやみに主張してはいけません。非常に長い歴史の裏街道で、真の「私」を主張する子女を探し求めて、恨《ハン》に絡み合った復帰摂理をしてこられた神様の心情を少しでも知るならば、むやみに自分を主張できないはずです。

私たちは、寝ても覚めても理想家庭の完成のために生きなければなりません。神様の創造本然の世界である平和世界、神様が千年、万年待ち続けてこられた理想家庭さえ立てたとすれば、それが正に地上天国の出発地となるでしょう。そこにおいて、かわいそうな神様の恨を解くことができるようになるのです。

皆様、太陽を見つめても恥ずかしくなく、海の水を見てもやましくなく、万物の前でも一点の隠し事のない真の自分を取り戻し、神様が「私たち」と呼んでくださる家庭を立てましょう。（天一国経典『平和経』第一篇10）

天の父母様に似た夫婦となる

自己を主張し、自己防御第一主義の態度を取るのが堕落した世界です。これからは保護主義時代です。方向が違います。夫は、「妻が幸せでないのは私の責任です」と言い、妻は「夫が幸せでないのは私の責任です」と言うのです。

その責任追及において、咲かなければならない花が愛の花です。その愛の花は、自己を主張するときには咲きません。互いに生命線まで越えてために生きようとするときに花が咲くのです。花が咲くことによって、その花の色と香りを訪ねてくるのが天使世界であり、神様なのです。（一九九九・九・一〇）

一番耐え難いこととは何でしょうか。愛し合う人同士、互いに恨《ハン》が積もることです。これ以上に耐え難いことはありません。アダム家庭から不和の種が蒔《ま》かれることによって始まった家庭は、偽りの父母によって始まったので、不和が宿っている家庭はサタン世界の家庭であり、平和が宿り和合が宿っている家庭は、天の世界の家庭です。このように反対だというのです。

不和の固まりの家庭がサタン世界の中心になります。サタン世界の中心とは何かというと、悪です。不和の固まりは毎日のように争うのです。このような家庭を中心として見ると、父母が互いに相入れません。夫婦同士、互いに相入れないというのです。（天一国経典『天聖経』第五篇 第三章 第一節16）

夫たる人は、妻の前に、神様よりさらに素晴らしい方だと記憶されなければなりません。妻から、「私は、神様を見ることはできなかったが、私の夫を通して神様に出会った。純粋な愛とは何か分からなかったが、夫を通して純粋な愛がどのようなものであるかが分かった。また、夫を通して、兄の愛がどのようなものであるかが分かった。また、夫を通して兄弟の愛が分かった。夫はすべての愛を教えてくれた張本人である」と言われる男性にならなければなりません。

また、そのような母の代表であり、新婦の代表であり、姉の代表の心情を誘発できる愛の絆《きずな》を体恤《たいじゅつ》しながら生きていく男性にならなければなりません。そのような教育を受け、「そのような教育でなければ窒息する」と言うほど、それが生活習慣となって、どの社会においても、年配の人に接すれば、「私のおじいさん、おばあさんであり、私のお父さん、お母さんであり、私のお兄さん、お姉さんである」と考えられる心情をもたなければなりません。

そのような心情が世界の至る所で普遍化し、そのような家庭における心情が普遍化する環境が広がる所であれば、そこは間違いなく天国です。（一九七一・一一・二一）

神様の愛の本質と和合できる内容を備えなければ、善にはなり得ません。愛は、自分が主体的な立場を強調するものではありません。対象的な立場を強調するのです。自分を主張していては、行くことができないのです。「私」一人、孤独になれば、国の主人にはなれません。必ず相対的価値を決定しなければなりません。

男性と女性は、必ず家庭で公認を受けることができる人にならなければなりません。これが理想天国における組織の根本思想です。

男性が女性に絶対的な公認を受けることができなければ、理想世界で絶対的な公認を受けることはできません。一人の女性に世界的な価値を公認されない男性が、世界的な価値の世界を迎えるというのは矛盾です。そのような価値の世界を堂々と迎えるのに不足のない人、そのような家庭の主人公にならなければなりません。

その家庭は、二つではなく一つです。その家庭は、主体になって氏族のために犠牲と克服の生活をしなければなりません。その目的は、自分に置くのではなく相対に置くのです。

（天一国経典『天聖経』第三篇 第三章 第二節 1）

祝福は、人に福を分けてあげるためのものです。夫婦は、お互いに心の母、父にならなければなりません。世の中の人たちが、「私たちもあなたたちの家庭のような家庭をつくり

たい」と言うようにしなければならないのです。（天一国経典『天聖経』第五篇 第二章 第二節25）

男性は、「私は男性を代表する完成した愛の主体者」と考え、女性は、「私は女性を代表する完成した愛の主体者」と考えて、「あなたと私はお互いに絶対に必要な人です」と考えなければなりません。

男性にとって、絶対に必要なのは女性です。神様の代わりに、地上で絶対に必要なものが女性なのです。また、女性にとって、神様の代わりに絶対に必要なものが男性です。

そのように必要とするのは、なぜですか。神様の愛を受けるためです。そうしようとすれば、男性と女性は、真の完成の立場で、背を向けようとしても向けることができず、愛すまいとしても愛さずにはいられない立場で神様に侍《はべ》らなければなりません。

愛の主人は男性でもなく、女性でもありません。神様です。（天一国経典『天聖経』第三篇 第一章 第一節23）

神様が理想とする、理想の決定的基盤がこの地上です。それでは、この地上のどのようなところでしょうか。男性と女性が一つになって、神様を中心として愛で成り立った家庭です。

ですから、天国といえば、皆さんはどのような観念をもたなければならないのでしょうか。天国は、神様と「私」と家庭が一つになったものだという観念を、いつでももたなければなりません。もし天国に行ったとしても、神様がいないとすれば天国になりません。神様が必ずいなければなりません。

神様だけがいて天国ができるでしょうか。皆さんの理想相対がいなければ、その神様の愛も私には必要ありません。ですから、霊界に行ってみれば、この世で理想的な夫婦生活をした人が、神様のみ前に近いというのです。（天一国経典『天聖経』第五篇 第四章 第六節28）

復帰の道に立った私たち夫婦が、本然の世界に向かっていくときに、常に神様の創造理想の心情を感じなければなりません。それに満たされて、生涯をかけていく路程で、感謝の一念をもって過ごさなければなりません。それが、今から祝福家庭が、創造目的を成し遂げるために行かなければならない路程です。

そこに苦労することがあったとしても、それは私たちを苦しめるためのものではありません。天に今まで秘密に積んでおいた無限の祝福を、もっとたくさん下さるために、神様はこのような苦労の道を行かせるのです。それは、有り難いことです。

心情的な愛によって結ばれた夫婦は、その愛情が生活圏を乗り越え、生涯を乗り越えて、神様の目的と間違いなく一致した家庭をつくらなければなりません。そうでなければ、神様がいらっしゃる天国に帰っていくことができません。

これが、創造なさった神様の目的です。そのような家庭に向かっていかなければなりません。（天一国経典『天聖経』第三篇 第二章 第三節13）

男性は神様の陽性の性稟《せいひん》を、女性は神様の陰性の性稟を代表する主体と対象です。神様の創造理念は、両性の中和体としていらっしゃる神様の性相を二性に分立し、再び神様の本性相に似た姿に合性一体化することです。

真の夫婦は神様の二性をそれぞれ代表しているのであり、天と地を代表した立場で互いに調和一体を成し遂げるために生まれたのです。すなわち、男性も女性も、本来自分のために、自己中心的に生きるように創造されたのではなく、相対のために存在するように創造されたということです。真の夫婦はそれぞれ、相対のために生まれたことをはっきりと知らなければなりません。

真の愛は、一人では実現されないと言いました。真の愛は必ず相対的基盤を通して実現されるのです。夫婦間の真の愛は、自分たち夫婦のためだけのものではありません。神様の創造理想を中心とした真の愛です。絶対的な真の愛の主人は神様です。神様の真の愛によって、自分の相対と一つになろうとするとき、絶対的な神様の真の愛が臨在するのです。真の夫婦は、神様の真の愛を抱《いだ》き、合一した希望をもって未来の世界に向かって進まなければなりません。子女の誕生も、家門の繁栄も、この基台の上で可能になるのです。夫婦の真の愛が生活の環境圏を越え、神様の真の愛理想と一致する家庭を完成することが、究極的な願いになるのです。（天一国経典『平和経』第四篇 7）

共に侍《はべ》り、共に学ぶ

天国とは、準備したことをもって誇るところであり、侍る生活をしたことを誇るところです。それでは、その天国とは、どのような人が行くところですか。主を信じて恵みを受けようという人、恵みを前面に立てていく人が行くところではありません。天国は、侍るために心情的に準備する生活をした人が行くところです。準備する期間に死んだとしても、侍る生活を残して喜んで逝くことのできる人が行くところです。そこに復活があります。侍るための準備をしたあとには、侍る生活をしなければなりません。準備する目的は、侍るためなのです。侍る生活をするためです。

侍る生活は、どのようにするのでしょうか。皆さんの環境をよく見てください。生活の内幕は現れません。どのように侍る生活をするのかということが、私たちが生きる生活の中で考えるべき重大な問題です。（天一国経典『天聖経』第七篇 第一章 第四節 4）

統一教会は、生活の中で生きた神様を信仰の対象、侍る対象とし、神様の愛から結束と統一を主張していこうというのです。これが統一教会の出発の動機です。（天一国経典『天聖経』第八篇 第一章 第一節 22）

神様に侍る場には、礼服を着て参席しなければなりません。着る礼服ではありません。「心情の礼服」です。心から、み言《ことば》とともに、賛美とともに、感激した心情が流れ出てくるなら、天は皆さんを通して役事《やくじ》されるのです。

堕落した人間がエデンの園から追放されるとき、涙を流しながら追い出されましたが、皆さんは、涙を流すとしても、喜びの涙を流しながら、笑顔で神様に出会わなければなりません。（天一国経典『天聖経』第十一篇 第二章 第一節 3）

世の中は、故郷を失った世界です。故郷を失った民の世界版図となったこの人類を、どのようにまとめて帰郷させるのでしょうか。これを御存じの神様がメシヤをこの地に送り、故郷を失った民を帰郷させるのが天の摂理です。

帰郷したのちには、宗教でも何でも、すべて必要ありません。父母を愛し、慕いながら涙を流すのが礼拝の中の礼拝であり、すべてのみ旨の完成です。

千万回の天地開闢《かいびゃく》があるとしても、祖父、祖母、母、父、息子、娘の三代が一つになって金城鉄壁のように固く団結し、そこに神様を核として迎えれば、私たちがいる所は、どこであっても天国を実現できる一つの種になるのです。そのような存在になるのです。

これは、神様の愛の種、神様の生命の種であり、血統の根源だといえるのです。これを探し求めていかなければなりません。そのようにしなければ、地上天国、平和の天国、幸福と自由の世界という願いはあり得ません。（天一国経典『天聖経』第九篇 第二章 第四節 14）

統一教会の教会員は、アダム家庭から、氏族、民族、国家、世界、地上天国世界になるときまで、神様に侍《はべ》って共に一つになる式として、敬礼式を世界に拡張しています。そのため、一週間、聖餐《せいさん》と向き合える時間を、何よりも希望の時間として待ち望まなければなりません。

この時間が神様に侍る時間であり、神様と直接関係を結ぶ時間であることを知り、世界の祝福家庭が重要視し、伝統として守っていかなければなりません。（天一国経典『天聖経』

第十一篇 第二章 第一節22）

敬拝するとき、自分が一人で敬拝しているとしても、一人でしていると思ってはいけません。男性が敬拝するときは、自分の妻と二人で一緒に立って敬拝していると思い、女性が敬拝するときは、夫と一緒に敬拝すると思いなさいというのです。

そのような立場に立つことにより、男性と女性が一つになったことを表示するのです。それは、祝福を受けた人は、完全に一つにならなければならないことを意味します。（天一国経典『天聖経』第十一篇 第二章 第一節26）

敬礼式は、先生と一緒に始めました。皆さんが先生と共に、毎日のように敬礼式をしているという事実は驚くべきことです。祝福家庭は、真の父母もこのような式典を重要視し、自分たちもこのような式典を重要視することを見せてあげながら、自分の息子、娘の前にこの伝統を引き継いであげなければなりません。

この敬礼式を通した心情的絆《きずな》は、家庭の父母と子女を中心として、平面的に、横的に形成されるとともに、縦的に真の父母と関係を結べるようにし、四位《よんい》基台、三代が一つになれる関係を結ぶ重要な時間だということを、皆さんが自分の子孫に教えてあげなければな

りません。（天一国経典『天聖経』第十一篇 第二章 第一節23）

真の父母様に侍《はべ》り、餅を分けて食べるのは、私たちが霊的に神様と一つになるということです。一つの体になるのです。

このような餅を食べるのは、二つに分かれている人々の体と心を一つにし、父母が一つになり、家庭が一つになり、一族と世界が一つになれるように影響を及ぼすことを意味します。

統一教会の祝福家庭は、毎週、敬礼式をしなければなりません。敬礼式をする日は聖日ですが、聖日にはホーリーフードを食べます。それは堕落することにより、アダム家庭で神様に侍って神聖なホーリーフードを分けてあげられなかった恨《ハン》を解いてあげるものです。それを解くために、そのような敬礼式とともに、祝い、願う心をもって、そのような式をしているのです。（天一国経典『天聖経』第十一篇 第二章 第一節21）

父母たちは、み旨の生活において模範とならなければなりません。家庭における祈祷生活や家庭礼拝、信仰生活を子女たちに見せてあげなければなりません。また、敬拝時間がどれほど重要かということを認識させてあげなければなりません。その時間には、敬礼式だけで終わるのではなく、み旨を中心として、父母として子女たちを教育しなければなりません。

子女を教育するためには、父母がまず実践しなければなりません。父母が模範となって、み旨の前に忠誠を尽くさなければならないのです。そうして、父母がどのようなことを言っても、子女たちが一言半句《いちごんはんく》も口答えせず、父母を畏敬できる立場に立たなければなりません。そのようにしなければ、子女たちは従いません。

子女たちが自分の知っているみ旨と原理を中心として見るとき、教会生活をするに当たって、父母たちが本部で指示する原則を軽視して、その指示に従って生活していないのに、子女たちにだけ原理原則どおりに生活しなさいと言えば、鼻で笑うというのです。（天一国経典『天聖経』第五篇 第四章 第三節 5）

家庭で最も重要視することとは何でしょうか。霊界の内容の教訓と、この地上の真の父母様の教訓を徹底的に把握しなければなりません。それが霊界に塞がっている塀を越えて、本然の解放の天国に向かっていける道になります。ですから、訓読会をしなければなりません。（天一国経典『天聖経』第七篇 第四章 第三節 24）

皆さんは、一生を生きていくとき、心情的にどのような家宝を残そうと思いますか。家宝を残さなければなりません。

皆さんは、家宝を霊界に残さなければなりません。深刻です。秤《はかり》に掛けているというのです。ですから、安心して生きることができる生涯ではありません。つらく、唖然《あぜん》とするようなことがあるのです。

お父様が霊界に行って、(地上に)いなくなれば、どうなるでしょうか。み言《ことば》しかありません。皆さんは、私と出会うことによって、情緒的な面が激動して絡み合い、主体的な立場と相対的な立場がきちんとできていますが、み言は、そのようになっていません。み言を、実体として成し遂げておかなければならないのです。実体がありません。主人が死ねば、すべて分かれます。それで、このように訓読会を世界的にするのです。

なぜ訓読会を強調するのでしょうか。み言の本当の味を感じるようにするためです。お父様と向き合うときよりも、もっと感じなければなりません。私に会うのは一、二時間ですが、このみ言には永遠に会うことができます。その深さを感じてこそ、これから統一教会が天下を一瞬のうちに染めてしまうことができるのです。(二〇〇〇・三・四)

毎日、家庭で訓読会をして一日を出発してください。このように言うのは、二世たちの教育が急がれており、重要だからです。皆さんは、公的な仕事をしているために、子女たちに対して、そのような時間を割けなかったと思います。それでも、子女たちと一緒に訓読会をしながら、一日を出発しなさいというのです。

そうして、二世をよく養育しなければなりません。どの位置にいるとしても、後代のことを考えなければならないのです。（真のお母様、天一国経典『天聖経』第十二篇 第四章 第三節33）

子女を愛して導く

皆さんの父母から受け取った、今まで生きてきた習慣性をもっていてはいけません。皆さんの息子、娘を、今から本当に教育しなければなりません。そのまま放っておけば、祝福を受けた家庭がすべて滅びます。ですから、メシヤの責任をもたせ、立たせるのです。それが「歴史的最高の時代」に生きるということです。

霊界と肉界が、天地が見つめ、宇宙が見つめる、このような愛の驚くべき時期を占有する主人にならなければなりません。（天一国経典『天聖経』第九篇 第二章 第一節20）

皆さんは、祝福家庭の使命が大きいことを知らなければなりません。自分の息子、娘に影響を及ぼせる父母になるべきです。これが第一の使命です。

そのためには、教会生活や公的生活を徹底しなければならず、私的生活において模範にならなければなりません。これは今後、子女がみ旨の道を歩めるよう教育するために、絶対的に必要です。（天一国経典『天聖経』第九篇 第三章 第二節25）

子女は、父と母が歩むとおりに歩みます。ですから、皆さんの家庭に神様をお迎えして侍《はべ》らなければなりません。子女に、「父は祈る人だ」と教育しなければなりません。神様のために生きる父、他《た》のために苦労する父であることを教えなければなりません。

ですから、子女がそれとなく自分を尊敬し、自分を立派だと思うことができる基盤を築いて奉仕しなければならないのです。（天一国経典『天聖経』第五篇 第四章 第三節9）

父母が涙を流して「私の愛が不足だからそうなのだ。すべては、私がお前をもっと愛せなかったからだ」と言いながら、その子の骨髄が溶けるほどに涙を流し、より大きな愛をもって子供の前に出れば、その子はどうなるでしょうか？　変わりますか、変わりませんか？　変わるのです。

より大きな愛は、弱い愛を全部消化し、統合する主動性があるのです。（一九七一・九・一二）

父母が愛する子供を育てるに当たっては、多くの困難があります。しかし、その困難を耐えて明日の希望を心に固く抱《いだ》きながら子供を育てるのです。その父母が、国を愛するがゆえにその子を国よりもっと貴く思うのなら、それは罪ではありません。未来の国を守らせようという願いを持って、国以上にその子を愛するのなら、罪にはならないのです。

言い換えれば、自分が国に対して忠臣になれなかったので、自分の子供を代わりに未来の忠臣として育てるために、現在の国よりもその息子をもっと愛するというのは、罪ではないということです。

しかし、未来の忠臣をつくろうとするのではなく、自分に孝行することを願ってその息子を国よりもっと愛するようになれば、それは罪になります。すべての公式がこうなっているのです。（一九七〇・八・二三）

統一教会の食口《シック》たちは、子供を育てる際にもその子を高めてあげることができなければなりません。父母だからといって、「こいつはああだ、こうだ」とは言えないようになっているのです。そのようにはなっていません。

皆さんに希望があるというのですが、その希望は彼らを通して継承されるのです。子供を通してだとか、夫婦を通してだとか、父母を通してだとか、ある道を通して連結されるというのです。

人間に残っている希望が、天の立ててくれる希望だとするならば、それは天倫の道を通してのみ、連結されるのです。（一九五九・一一・二二）

私たちが今まで父母の心情を抱《いだ》き、僕《しもべ》の体で涙と血と汗を流したのは何のためだったのでしょうか？　世界のためです。（しかし）自分の息子、娘のために生きることのできない人が世界のために生きるというのは、うそです。

世界のために生きることができてこそ、サタン世界から選んできた代表者になることができます。ですから、それを実感する立場において天国をつくる一つの手本となり、標本となり得る基準を決定する仕事を私がしているのです。

それでは、そのような基準とは何でしょうか？　家庭だというのです。また、国をつくることのできる標本とは何でしょうか？　それもやはり家庭だというのです。それゆえ、愛を中心として子供のために犠牲となり、あらゆる代価を払いながらも報酬を願わない立場に立つことができなければなりません。むしろ、与え続けることができないことを恨《ハン》に思う心を持たなければなりません。

そのような心を持ったとき、子供たちがそれを手本として、父母がそのようにしてくれたことに感謝し、自分もそのようにしなければならないという立場に立って、父母の困難な道に自分が代わりに責任を持とうとするのです。

皆さんはそのようにできる環境をつくってあげなければなりません。そうしなければ、エデンの園で堕落したその恨の基準を飛び越えることができないのです。（一九七〇・一一・二五）

子女が十代の時に「原理」のみ言《ことば》を聴いたなら、聴いて知ったというだけで放っておかないで、家庭でお父さんとお母さんが息子、娘を友達のように思って討論もしなさいというのです。

一週間なら一週間、ひと月ならひと月に一回ずつ、信仰生活におけるある問題を中心として、息子と娘は父母に、父母は息子と娘に質問し合い、答えながら討論をしなさいというのです。

そうすれば、家庭で十代の青少年の時期に聴いたその言葉が、それで終わるのではなく、二十代に入ってから、その「原理」のみ言を生活環境に適用できるというのです。そうなるように皆さんが面倒を見て、足場を整えてあげなければなりません。

ところが、皆さんはこれができずにいます。教会に来ることだけで終わるのではなく、家庭の中でも普遍化しなければならないのに、これをなおざりにすることによって、このような結果を招いたのです。教会に来てはああだこうだと言うのに、家庭の中ではああだこうだと言わないというのです。

私たちの家庭が他の家庭の模範になるべきなのですが、そのような刺激を与えることのできる動機は誰がつくらなければならないのでしょうか？　息子、娘はつくることができません。父母がつくらなければならないのです。（一九七〇・六・四）

子女を前にして、走っていきながら、「私が死んでも、お前はこのリレーのバトンを握って走らなければならない。私が苦労して骨を折るのは世界を生かすためだ。それでこそ、そのような世界が来るのだ。それが神様の願いであり、真の父母様の願いであり、お前の父の願いであり、お前の母の願いであり、お前の願いに違いないので、万世に永遠不変、天下の人たちが称賛できる願いであるに違いないので、この道を行かなければならない」という教育ができる真の父母にならなければなりません。

死んでいきながらでも、このことを残して逝かなければならないのです。（天一国経典『天聖経』第五篇 第四章 第四節 9）

家庭の父母は神様を代身した家庭の父母とならなければなりません。父母は子女たちに教育をしながら、「おい、我が息子、娘よ！　お前たちは私を愛する以上に、お前たちの兄弟を愛さなければならないし、お前たちの隣近所、国、世界を愛さなければならない！」と言わなければなりません。

このように教育する人であってこそ、父母の中でも真なる父母の資格を持つことができるというのです。それはなぜでしょうか？　それでこそ、自分の息子、娘が、自分の家が、より大きな善なる立場、善の中心として発展していくからです。（一九七七・一一・一二）

霊的な基準において、真の人類が追求すべき最後の福とは何でしょうか？　最後の福とはほかでもありません。父母を早くに亡くした孤児のような立場にある息子、娘の願いは何でしょうか？　お金ではありません。御飯でもありません。そのような人の願いは、ただ、死んだお父さんとお母さんがまた生き返ることだけです。

それと同じように、人類の前に贈り物を与えようとするなら、本当の意味において最高の贈り物を与えようというのです。また、彼らに紹介してあげるのなら、真なるものを紹介してあげよう、見せてあげるのなら正しいものを見せてあげよう、間違いのないことを教えてあげようというのです。

教えてあげる場合には、何を教えてあげようというのでしょうか？　お金もうけを教えてあげようというのではありません。勉強ができて、出世することを教えてあげようというのでもありません。

今日のこの時代において、人類万民が願う真の父母と、その真の父母と結ばれた真の子女の道理を完全に教えてあげようというのです。それ以上に価値があることはありません。

（一九六九・一〇・一八）

家庭天国の実現

本来、人間の堕落がなければ、人間は、神様の真の愛の中で完成し、神様を父母として、侍《はべ》る真の子女になっていたのです。完成した人間は、神様の愛の中で真の夫婦の関係を結び、真の子女を生んで養育し、共に天国を形成して暮らしたあとに、家族全員が自動的に天上の天国に入っていって暮らすようになっていたのです。

もし皆さんの家族の中で、父親は地獄に行って母親だけが天国に行くとすれば、それがどうして天国でしょうか。父母は地獄に行って子女たちだけが天国に入っていくとすれば、それをどうして天国と呼ぶことができるでしょうか。

天国は、家族が一緒に入っていき、永遠の平和王国を実現して暮らすところです。したがって、地上においても、家庭天国を実現して暮らすところに神様が臨在されるのであり、神様が理想とされた創造理想の世界、すなわち地上天国が定着するようになるのです。（天一国経典『天聖経』第七篇 第一章 第四節18）

統一教会の家庭は、家庭天国を完成しなければなりません。家庭天国を完成すれば、間違いなく地上天国が形成されます。

未来の天国に対する実感を現在の立場で刺激させようとするので、不可避的に相対が必要なのですが、それは、家庭で相対によって、その刺激を受けることによって、未来の天国理念をきょうの生活感情で体得できるからです。それを体得するために夫婦が必要なのです。その刺激によって夫婦が永生することができます。

発展は刺激がなければできません。夫婦の愛は、理想天国を建設できる刺激を与えるのです。言い換えれば、未来の喜びを現在圏内に引っ張ってきて、刺激を与えて推進力を補給させ、その場まで行かせるのが夫婦の愛です。その愛の中には国の愛も入っていて、世界の愛も入っていて、神様の愛も入っています。したがって、その愛はどこでも無事通過なのです。（天一国経典『天聖経』第五篇 第三章 第二節３）

家庭天国は、どのように生まれるのでしょうか。父母が完全に一つになって愛し合えば、息子たちは「母のような花嫁を得たい」と言い、娘たちは「父のような花婿を得たい」と言うのです。

ですから、その父母がプラスとなり、息子、娘がマイナスとなり、完全に一つになって家庭が一つになれば、そこが家庭天国になります。

家庭天国を完成する所で、初めて地上に天国が、神様が理想とするものが定着するようになります。これが四位基台《よんい》にならなければなりません。創造理想の完成は、四位基台の完成だと原理ではいうのです。（天一国経典『天聖経』第五篇 第四章 第六節31）

父母から息子、娘が一人でも生まれれば、その家庭に四位基台が現れます。神様が六千年間、願ってきたすべての創造理想が成就される四位基台完成が展開します。四位基台が完成すれば、その場で神様が認定して、天国の民とし、天国の家庭としようということを約束する場が、統一教会が最も注視する祝福です。

祝福は家庭です。天国は何の天国ですか。家庭天国です。家庭天国を成し遂げなければなりません。家庭天国を成し遂げられない人は、天上天国に入れません。（天一国経典『天聖

経』第十一篇第三章第一節23）

人は誰しもが、「世界一になりたい」という欲望をもっています。そのような価値のある存在となるので、万有の中心である神様のものが、初めて「私」のものになり、そのような栄光の立場に人間は立つことができるのです。

このように見るとき、ために生きるところでのみ、家庭天国の実現が可能であり、国家天国の実現が可能であり、世界天国の実現が可能なのです。それだけではなく、神様も人類と共に、「幸福で、理想的な園だ」と言いながら、踊って歌える世界へと連結されるのです。そのようなものが、正に宗教が目的とする天国であり、そのような天国が地上で築かれるので、そこが正に地上天国であるという結論が出るのです。（天一国経典『平和経』第一篇3）

個人は家庭のために犠牲になります。その家庭に夫もいて、子女もいます。このような思想で一元化された家庭は、幸せな家庭です。母も、自分の夫と子女たちのために存在し、子女は、父母と兄弟のために存在するのです。

そのように互いにために生きようとする家庭は空《から》になるので、誰が下りてくるのかといえば、神様が下りてきます。ですから、神様に侍《はべ》ることのできる家庭が、永遠不滅の理想

的家庭にならざるを得ないのです。（天一国経典『天聖経』第五篇 第一章 第四節14）

真のものは、ために生きるところから起源を求めなければなりません。真の父母の愛も、真の子女の孝の道も、真の夫婦の愛も、相対のために生きるところから起源を見つけるのです。

この公式を適用すれば、真の父母は子女のために存在するのであり、真の孝子は父母のために、真の国民は国のために、真の主権者は国民のために存在するのです。このすべてに真があり、幸福があります。

宇宙の存在秩序がこのようになっているように、神様のいらっしゃる本然の世界、すなわち天国や楽園もために生き、ために死んでいった真の人々が入っていく所です。すべての宗教が犠牲や奉仕を教え、ために生きる愛の実践を強調する理由はここにあります。ために生きる所は自然に中心となり、尊敬される場になるのです。例えば、兄弟の中で、幼い弟がために生きる愛をもてば、家族の慈しみと羨望を独り占めにするようになるのです。ために生きる生活は、個人的な基準の秩序で終わるのではありません。家庭的な基準においても、その構成員がために生きるとき、初めて家族の真の和合と幸福の理想が実現する家庭天国が築かれるのです。

さらに国家的基準で、全国民がために生きるところに国家天国が築かれ、世界的な基準で全人類がために生きるときに、全人類の真の和合と幸福の理想が実現し、世界天国が築かれるのです。（天一国経典『平和経』第八篇 4）

神様が願われる天国は、霊界だけで形成される天国ではありません。神様が願われる天国は、まず地上で成し遂げられたのちに霊界でも成し遂げられる天国です。人間が死んだあとに、その霊人体たちによって構成される霊界とこの地上世界は互いに分離できないので、皆さんが勝利的実体を備え、天国の理念を具現させるためには、天倫の前に立つと同時に、人倫の前にも立つことができなければならず、天倫と人倫に通じるよう、天国の理念を皆さんの生活圏を通して見せてあげなければなりません。

そして、その天国の理念が、個人的な天国理念になると同時に、家庭的な天国理念、社会、国家、世界、天宙的な天国理念にならなければなりません。

このような天国理念が、皆さん自体を通して現れてこなければなりません。（天一国経典『天聖経』第七篇 第一章 第四節 21）

今ではもう罪悪の蕩滅《とうげん》復帰時代である先天時代が過ぎ去り、天法によって治める法治時代、すなわち後天開闢《かいびゃく》の時代が到来しました。真の父母様から祝福結婚を受けて血統転換を完成し、正午定着の人生、すなわち影のない人生を営みさえすれば、皆様は自動的に天国に入っていける、恩賜圏の時代に入ってきているのです。

まずこの地上界で真の家庭を立て、天国生活をしてから人生を終えれば、そのまま天上の天国に連結され、永生を享受するようになるのです。

したがって皆様は、今から家庭という枠組みの中で、神様を一番上の父母として、侍《はべ》り、全員が子女となり、共に暮らし、共に楽しむ血縁的生活によって、完成した父子関係を形成しなければなりません。神様と真の愛の相対圏を形成して暮らしなさいということです。

（天一国経典『天聖経』第十三篇 第二章 第一節 21）

第二章　家庭教会から神《しん》氏族メシヤへ

真の父母様を中心とする統一氏族

祝福を受けた夫婦は、祝福を受けたその日から果たすべき責任があります。その責任とは、夫婦が一つになり、家庭を形成して生きるだけではなく、二人が一つになって、民族、あるいは国家を形成しなければならないということです。

祝福を受けた人が十人であれば、十人の家庭が一つになって新しい世界観のもと、一つの氏族を編成しなければなりません。新しい国家を形成しようとすれば、まず、新しい氏族を編成しなければならないのです。その氏族は、分裂した氏族ではなく、一つに統一された氏族でなければなりません。

ですから、祝福を受けた十人の目的は、互いに同じでなければならないのです。これらの家庭は、サタン世界において探して立てた少数の家庭なので、いつでもサタン世界の攻勢を受ける立場にあります。そのため、いつでも一つになって団結し、その環境を圧倒して入り込んでくる外部の力を凌駕《りょうが》できるように結束しなければならないのです。その力を凌駕《りょうが》しようとするなら、自体内で完全な統一が成し遂げられなければなりません。

そのように一つになった姿になれば、いくら外的にサタンの侵犯を受けても、十分に打ち勝つことができます。このように結集した実体を備えた所から、サタン世界の侵犯を受けない新しい氏族が形成されるのです。

そのような団結した氏族を通して民族が形成され、その団結した民族を通して新しい国家が形成されるのです。（一九七〇・三・二二）

統一教会の祝福を受けるようになれば、版図が広がります。それは神様を中心として、主流的家庭圏を形成していくからです。それで統一教会の祝福を受けた家庭同士を氏族といいます。

真の父母という新しい父母に従って、天倫の内的心情を受け継いだ家庭が生まれ、家庭が横的にたくさんできるということとは何かというと、統一家において氏族形成から民族形成、国家形成になっていくということです。（天一国経典『天聖経』第五篇 第二章 第四節 1）

「私たちは、真の父母によって新しい血統の代を継ぐことのできる先祖になることによって、解放圏が広がる祝福を受けた氏族になりました！　この氏族は永遠不変の神様の眷属《けんぞく》であり、血族になります！」、このようになれば、サタンと完全に決別です。それで、統一教会は、先祖を祭ることを認めるのです。キリスト教が祭祀《さいし》を行うことを認めましたか。統一教会は、今からその伝統を引き継いで打ち立てなければなりません。これはこの世の伝統ではありません。天の父母、天国、天の先祖に侍《はべ》るときに、その代を継ぐ氏族的メシヤ圏、伝統的な血族に千年、万年侍ることのできる王土ができます。王に仕えて永遠なる太平聖代を謳歌《おうか》する神の国になるのです。神の国で暮らしてこそ、皆さんの父、母、一家、一族が天国に直行するのです。（天一国経典『天聖経』第七篇 第四章 第三節26）

統一教会の旗を揚げるのは、「通り過ぎる統一教会の教会員は、おなかがすいていればここに入ってきて、お昼どきなら昼食でも食べていき、休んでいきなさい」という表示です。そのため、いつもお客さんをもてなす準備をしなければならないというのです。父母様を身代わりして、そのような準備をしなければなりません。ですから、部屋もなければなりません。

父母様に侍ることによって救いを得るのですが、父母様が来られないので、父母様の代わりにお客さんに侍ろうというのです。この思想は、天の最高の基準に平準化思想を連結させるためのものです。

そのような意味で、お客さんを神様のように、父母様のように侍《はべ》りなさいというのです。そのような人は福を受けます。（天一国経典『天聖経』第九篇 第二章 第三節12）

統一教会の教会員は、真の父母と共に、神様と共に生きていきます。真の父母の愛とともに生まれるのです。愛は永遠の関係を結ぶので、愛を絶つことはできません。死ぬときまで愛を忘れられないのです。

父母は、死んでいくときも、愛の心情をもって、息子、娘を愛しながら死んでいきます。夫や妻も同じです。愛を忘れて死んでいく人はいません。愛は、死を越えて永遠とつながります。

それで、愛による生命圏を受け継いだ自分、男性と女性は、愛の根本である父母を忘れてしまうことができません。父母は根であり、自分自身は幹であるとするなら、息子、娘は芽です。それが共に大きくなれば、氏族圏、民族圏、国家圏に拡大するのです。（天一国経典『天聖経』第二篇 第四章 第三節16）

統一教会の教団は氏族です。「私」の血が共に動くのです。私が涙すれば、氏族が涙しなければならず、私が喜べば、氏族が喜ばなければなりません。それは血族です。五色人《ごしき》種（あらゆる人種）を越え、文化背景の異なるすべての国家基準を越え、壁を取り払って一つにまとまった、新しい天の国創建のための民族です。

この民族が聖なるものとなるときに天の国の「創国」が顕現し、聖なる創国の民族として生きていくときに「創世界」が始まり、その世界の上に天宙的な地上天国と天上天国が連結されるのです。

それは、言葉だけで成し遂げられるものではありません。個人において最後の決定をし、天地に宣布しなければならず、家庭を中心として最後の宣布をしなければならず、氏族を中心として最後の宣布をしなければなりません。（天一国経典『天聖経』第九篇 第二章 第一節 4）

三位基台の本来の基準

祝福とは、責任を果たしてこそ貴いものなのです。この世的な悪口を言ってはいけません。世の中の人たちとは、何かが違わなければなりません。

家庭は小さな教会です。神様の代行機関として、神様が訪ねていきたい家庭にならなければなりません。最低限、三家庭が一緒に暮らす以上に結束しなければなりません。

特別に伝えてあげたいことは、第一に、多くの人々が往来できる家庭になりなさいということです。人が和合することが最も重要です。

そして、第二は天の家庭同士、団結しなければならないということです。最低限、三位基台になった祝福家庭同士だけでも、完全に一つになるべきです。（天一国経典『天聖経』第十一篇第四章第一節10）

神様が結んでくれた三位基台、この三位基台の価値を感じられてこそ、神様の理念を感じることができます。三位基台の価値を感じられてこそ、神様の生活を代わりに地上でするることができるのです。

三位基台を編成する目的は、行動統一と生活統一、その次に理念統一をするためです。そのために、私たちは三位基台の組織をつくるのです。生活統一と行動統一と理念統一です。理念のある行動は、組織的で原理原則的なのです。（一九八六・八・一七）

真の父母を迎えるためには、真の夫婦になって、真の家庭をつくらなければなりません。そうしてこそ、その上に真の父母を迎えることができるのです。

皆さんは、父母様を信じて従いますが、その気持ちと同じくらい、他の人が皆さんを信じて従う存在にならなければなりません。そのようにして、イエス様が探し求めた家庭の型を備えなければなりません。そのような時に、万民は兄弟になります。このようにするために三位基台を編成しました。

ですから、皆さんはこれから、何かをする時は一人でしてはいけません。伝道をするとしても、一人でしてはいけないのです。このような三位基台を造成し、自分たちが父母の立場に立った時でも、兄弟同士でさせてはならず、彼らと一つになってしなければなりません。父母と兄弟が一つになってこそ家庭が成立するのです。

そして、これが一つの民族型を備えようとすれば、このような家庭が十二家庭いなければなりません。十数以上になってこそ、民族的な条件を代わりに引き受けることができるのです。（一九五九・一・四）

信仰の道は一人では行けません。信仰の同志が必要です。三人以上が一つにならなければなりません。ですから、三位基台が必要なのです。人間の性稟《せいひん》の主体であられる神様も、三つの基準を望んでいらっしゃいます。

神様は、人間が過ちを犯したとしても、直接教えることはできません。縦的には教えることはできませんが、三人が一つになっていれば、一人が誤ったとしても、二人が誤らなければ、その人の過ちを教えてあげられるのです。

山での祈りも、三人以上が共にしてこそ恩恵が早く降りてきます。祈ったあとには、自分たち同士で互いに話し合わなければなりません。他の人と話し合えばサタンが侵犯します。

三人が心から信頼し合える美しい姿を備えるようになれば、それを見て、周囲の人々が羨ましく思うようになり、そのようになれば、神様のみ旨は自然と繁殖するのです。神様が助けてあげなくても、三人が一つになれば、そこから新芽が生えるようになるのです。食口《シック》と接するときは、その人を傷つけないように注意し、信仰生活の助けにならない話をしてはいけません。（一九六七・五・一七）

皆さんは、現在置かれている立場において、怨讐《おんしゅう》を選別しなければならず、それから、自分の置かれている立場が昼なのか夜なのかを知らなければなりません。言い換えると、恩賜が共にある立場なのか、恩賜が離れた立場なのかを知らなければならないということです。

前進するにしても、神様が協助する舞台を備えて前進しなければなりません。一人で前進せずに、同志と共に前進しなさいというのです。そのためには、自分の環境が昼なのか夜なのかを知らなければなりません。そのようにしなければ、自らの能力では持ちこたえることができません。同志が必要です。ですから、み言《ことば》に三位基台の法度《はっと》が出てくるのです。したがって、三位基台を備えて合同で前進しなければなりません。神様は、一人で前進することを好みません。一人で前進すると、失敗する可能性が高いからです。合同作戦を行いながら前進しなさいというのです。（一九六八・一・一）

皆さんは、いまだに家庭的な真の父母の位置に入れない立場に置かれています。ですから、家庭的な真の父母の位置を探し求めていかなければならないのですが、その父母をそのまま探し出すことはできません。

落ちて下がっていったので、再び探し求めて上がっていくためには、兄弟の橋を架けなければなりません。すべてを犠牲にしたとしても、真の父母を探し求め、自分自身が真の父母になるためには、歴史的な解怨の条件をもって蕩減《とうげん》したという基準を立てなければなりません。そうでなければ、天は皆さんを受け入れることができないのです。

皆さんは父母に侍《はべ》るべき立場にいるので、父母に侍る兄弟の基盤を築かなければなりません。これが三位基台の意義です。三位基台の兄弟たちが、天の父母に侍る中心を備えて、三兄弟が一つになり、十二兄弟が一つになる時、初めて天の国の家庭として資格が与えられるのです。

その家庭は、教団なら教団、民族なら民族、国家なら国家を代表する形態を備え、その上に父母を迎える基準を準備しなければなりません。

そうしたのちに教団的な形態を備え、世界的な父母を迎える準備をしていかなければならないのです。（一九五九・一・四）

本来、三位基台は、三年以上共に暮らさなければなりません。三位基台は、互いの子女たちと暮らしても、自分の子女と全く同じように感じられなければなりません。それを煩わしく思えば落第生です。三位基台のうち、一つの家庭の夫が死んでも、生活などの心配はしなくてよいというのです。そのような時は、残りの二つの家庭が共に責任をもたなければなりません。

私たち（の現状）は、み旨からどれほど遠い距離にいるでしょうか。サタンが「カインをアベルと同じく愛しました」と公認し得る基準を立ててこそ、サタンは離れていくのです。三位基台の家庭の子女たちを連れてきて育てるときは、自分の子女のように、あるいは二倍、三倍の精誠を尽くして育てなければなりません。三位基台が一つにならないのに、どうして世界を統一できるでしょうか。三つの国が一つにならなければなりません。イエス様を愛した以上にこの世を愛さなければならないのです。

三位基台は一つの兄弟です。この三人が一つになれば、父母様の代わりになることができます。三位基台を忘却して、自分の家庭本位に生活すれば、滅びるようになっているのです。名前だけ父母様の代わりになるのではなく、責任と心情において、父母様の代わりにならなければなりません。（一九六八・一一・二〇）

天国には家庭が入るようになっています。今後、四位基台《よんい》、父母様を中心として三家庭が一つにならなければなりません。父母様が教えるすべての天理の規約を中心として一体化できるように、一つにならなければならないのです。

黒人、白人、黄色人が信仰の三位基台になった場合は、そこで三年間、一つになる訓練をしなければなりません。個別の生活はできないのです。そうして、その周辺の十二家庭、または三十六家庭で一つの地域になっていれば、その全体の公認を受けた家庭は、自由解放だというのです。（一九九七・一〇・三）

家庭教会摂理の出発

統一教会がすべきことは、家庭教会です。復帰摂理の終着点は、家庭教会です。私たちが一九五四年の協会創立以降、二十五年目に家庭教会運動まで宣布できたことは、偉大な成功です。天地がすべて祝賀する成功になるのです。

父母様が苦労したのも、これをつくるためであり、イエス様が亡くなったのも、これをつくるためであり、神様が六千年間摂理されたのも、これをつくるためでした。

このようにしてこそ、天国が広がります。この時に、天国の門が開かれます。そのため、イエス様がペテロを通して天国の門の鍵を地上に残していったというのです。

(一九七九・五・一)

家庭教会は、父母様が世界的に勝利し、すべての氏族・民族・国家的基準を統合して縮小した世界を代表する基盤です。

それは、世界の主権を縮小した基盤であり、世界人類を縮小した基盤であり、各民族を縮小した基盤です。ですから、ここで勝利した場合は、カイン圏家庭だけでなく、民族、国家、世界まで通じるのです。故郷に帰っても、それは世界まで通じるアベル圏、勝利圏になります。

家庭教会は、今から三年間、皆さんが完遂すべき目標となります。今回、父母様が日本を訪問したのは、そのようなシステムをつくるためなのです。父母様には、これをはっきり教えてあげるべき使命があり、皆さんには、はっきり知るべき使命があります。三百六十家庭の基盤を中心に、氏族復帰、民族復帰へと拡大していかなければなりません。

（一九七八・九・二二）

家庭教会がなければ、天国が実現されないというのです。家庭教会がなければ、すべてのことができません。家庭教会は天国の基地です。

天国とはどのような所でしょうか。天国という所は、安息する所であり、幸福が宿る所であり、愛が宿る所であり、平和な所です。

それでは、安息するのですが、「私」一人だけが安息するのでしょうか。もちろん、私がいなければならず、父母がいなければならず、子女がいなければならず、家庭がなければならず、氏族がなければならず、民族がなければなりません。

全世界がそこに入るのです。いくら私個人が安息したくても、父母が安息できず、妻が安息できず、子女が安息できないとすれば、安息することはできないのです。

皆さんは「真の父母様に侍《はべ》っている」と言いますが、その真の父母様が安息できない立場にいるとすれば、その真の父母様のもとにいるすべての人々も安息できないのです。

（一九八〇・一・一）

家庭教会は、堕落した父母が現れたので必要なのです。それを復帰するためにイエス様が父母として来たのですが、ザカリヤ家庭とヨセフ家庭が一つにならなかったので、イエス様は亡くなりました。それを蕩滅《とうげん》しなければなりません。その罪を蕩滅しなければ、天の国に入れないのです。

それでは、家庭教会だけで終わるのでしょうか。氏族教会ができなければならず、民族教会ができなければならず、国家教会ができなければならず、世界教会ができなければならず、天宙教会ができなければなりません。(一九八二・一・一)

一九八二年の標語は「家庭教会勝利」でしたが、皆さんは勝利したでしょうか。一九八一年は、「家庭教会は私の天国」としたのですが、私の天国をどれほど愛しましたか。一九八〇年は「家庭教会は天国基地」としたのですが、それについてどれほど考えてみましたか。また、一九七九年は「家庭教会を通じた天国完成」でしたが、天国完成のためにどれほど努力しましたか。

韓国のすべての祝福家庭に動員命令を下しました。日本の祝福家庭も動員し、アメリカの祝福家庭まですべて動員するでしょう。

これに参加できなければ、皆さんも流浪する民のような行脚を永遠に続けなければならないでしょう。定着できないというのです。霊界に行っても、父母様を訪ねてくることができません。キリスト教で言う個人的楽園が生じたのと同じように、家庭的楽園が生じるというのです。

家庭的楽園では、妻が讒訴《ざんそ》し、息子、娘が讒訴するでしょう。サタンが讒訴するのではありません。皆さんの妻や夫、皆さんの息子、娘が讒訴するというのです。それがどれほど悲惨なことかを知らなければなりません。（一九八三・一・一）

家庭教会摂理の意義

神様に記憶される日があるとすれば、その日は愛の理想世界に同参（一緒に参加すること）できる新しい出生《しゅっしょう》とともに、その世界の完成者として神様と永遠に生きることができ、永遠に友になることができ、永遠に愛を受けられる息子、娘になる日です。その日が、神様にとって最高の日として記憶されるのです。

地上で肉身をまとい、天の国まで通過できる愛の関門をつくるために、統一教会は愛の問題を重要視します。家庭問題を重要視するのです。それで、私たちには家庭が必要です。

そのような理想を私たちは訪ねていくのですが、それが神様のみ旨の完成であり、人間としての最高の目的地です。ですから私たちは、その道に向かって行かなければなりません。そのような時代が来ることを願いながら、神様は男性と女性を、もしくは息子と娘をその場に一度に結びつけるために、宗教を通して今まで摂理してきたのです。その摂理してきたすべてのものを一度にまとめ、理想的家庭基盤を立てるためにつくったのが家庭教会です。（天一国経典『天聖経』第九篇 第一章 第一節 5）

家庭教会とは本来、エデンの園で堕落せず、神様を中心としてアダム家庭が完全に愛し合って一つになったことを意味します。そのように家庭教会が始まり、家庭氏族教会、家庭国家教会に発展し、世界形態の家庭理想を備えた一つの世界になるのです。これが原理で教える思想です。

統一教会が家庭教会を主張でき、立てることができるという事実は、神様にとっても、人類全体にとっても重要なことです。

本来、アダムとエバが堕落していなければ、神様を中心として一生の間、愛の中で息子、娘を生んで暮らし、地上生活が終わって霊界に入っていけば、次はその子孫が続いて入っていき、またその子孫が続いて入っていけば、その血統的子孫がアダムとエバを中心とし

てすべて天国に行くようになっているのです。（天一国経典『天聖経』第九篇第一章第一節１）

今まで皆さんは、「家庭教会は統一教会の制度だ」と考えていましたが、そうではありません。統一教会の家庭教会は、「私」の天国です。私の天国であり、私のものです。

イエス様がペテロに天国の鍵を授けて、その後どこに行ったかというと、十字架に向かったのです。その天国の鍵が家庭教会運動です。（天一国経典『天聖経』第九篇第一章第一節２）

家庭教会は、天宙を縮小したものであり、世界を縮小したものです。そこにはイギリスも入り、アメリカも入り、ソ連も入り、霊界も入っています。すべて入っているのです。また、旧約時代、新約時代、成約時代がすべて入り、無宗教の人、良心的な人、宗教者がすべて入り、その次にイスラーム、仏教、キリスト教など、すべての宗教が入っています。

全天宙を代表した一つの表象であり、その縮小体が家庭教会です。

誰がそのようにしておいたのでしょうか。自然になったのではありません。父母様が、サタン世界のエッセンスをすべて集約させておきました。

そこでために生きることは、皆さんの家庭から氏族、民族、国家、世界、天宙においてまでために生きる条件になり、そこで犠牲になり奉仕することは、全世界のために一生の間、犠牲になり奉仕したことに代わり得る条件になるのです。皆さん夫婦が、この過程を経ていかなければなりません。（一九八二・七・三）

家庭が責任を完成しなければなりません。皆さんが五パーセントを果たすことによって、一〇〇パーセントの責任を完遂するのです。人間の五パーセントの責任分担を果たすことによって、神様が果たす責任と併せて、皆さんがすべて果たすことになるのです。

家庭教会を皆さんがすることによって、先生が一生の間に成し遂げてきたことを、皆さんが完成させたと言うことができます。それは、皆さんの責任です。

先生が国や世界、天地の責任分担まですべて蕩減《とうげん》したので、皆さんの家庭が蕩減することによって、このすべてを蕩減できる祝福を与えたという事実に対して、感謝しなければなりません。

言い換えれば、先生自身が国家や世界、霊界まで動員してすべて蕩減復帰したので、皆さんが家庭基準の蕩減復帰さえ果たせば、これをすべて相続させてあげるというのです。家庭の五パーセントが残っているのです。（天一国経典『天聖経』第九篇 第一章 第一節18）

家庭を訪ねていくのですが、どこに行くのでしょうか。復帰摂理をするために、私たちが蕩減条件を氏族圏内で立て、家庭に行くのです。民族、国家、世界の蕩減条件を先生が立てました。ですから、皆さんはどこを訪ねていくべきでしょうか。皆さんの氏族圏内に入っていかなければなりません。イエス様がしようとしてできなかったその場に入って、しなければならないというのです。

氏族圏内で家庭教会をしながら反対を受け、悪口を言われながら、彼らを涙で抱《いだ》き、愛したその愛をもって家庭に入らなければなりません。

家庭教会運動は、より愛するための訓練です。三百六十軒から、「あなたは神様の息子です」というサインをもらわなければなりません。家庭に帰れば、自分が氏族を復帰しようとして家庭教会を愛したよりも何百倍以上、愛しなさいというのです。（天一国経典『天聖経』第九篇 第二章 第一節 2）

家庭教会の役軍《えきぐん》（担い手）は、神様のように教えてあげることができ、神様のように愛することができる人でなければなりません。父母の立場で愛し得る教会、そのような人、そのような国民、そのような世界人類になれば、神様が地上のどこにでもお出ましになって、天国になり得るのです。

第一は教育、第二は愛です。ですから、犠牲にならなければなりません。そのようになるとすれば、そこからは神様が離れることができず、神様を父母のように侍《はべ》らざるを得ず、神様を師のように侍って学ばざるを得ず、神様と一緒に暮らさざるを得ないというのです。このような思想を立て、このような思想を教えてあげるために、アベル的な人、天の側の人がいなければなりません。

そのアベルの中に、王がいなければならないのです。個人的チャンピオン、家庭的チャンピオン、氏族的チャンピオン、民族的チャンピオン、国家的チャンピオン、世界的チャンピオンがいなければなりません。

歴史始まって以来、天地を中心とした神様の摂理の中で、初めて全体を代表したチャンピオンがいなければならないというのです。（一九七九・一・一）

統一教会が主張してきたのは、伝統を受け継がなければならないということです。神様の復帰摂理における心情の伝統を受け継がなければなりません。

その次には、父母様がこの伝統を立てるために歩んできた一生のあらゆる心情を、皆さんが引き継がなければなりません。

これを引き継げる一つの基盤が家庭教会であり、その運動が家庭教会運動です。家庭教会をもたなければ、天の国に行く時、父母様に付いていくことができません。

これから家庭教会が、全世界的に二十四万になれば、全人類に対して配置するのです。そのようになれば、教会は完全になくなります。（一九八一・一〇・一八）

先生は、統一教会の教会員に天国の鍵をあげるのです。先生は、死ぬために十字架に行くのでしょうか。死ぬために行くのではありません。希望をもって、より高い所に行くのです。イエス様は、行って帰ってくることができず、何千年の間、来ませんでしたが、先生は、行けばいつでも来ることができ、思いのままに行ったり来たりできるのです。

帰ってきてからは、統一教会を訪ねていくのではなく、家庭教会を訪ねていかなければなりません。先生が訪ねるべき所は家庭教会ですが、家庭教会は、神様が臨在できる所であり、父母様が臨在できる所であり、息子、娘が暮らせる所、一族が暮らせる所です。教会は、家庭のための社会的事務所です。（天一国経典『天聖経』第九篇 第一章 第一節 3）

三百六十軒の意味

統一教会の皆さんがすべきことは、三百六十軒の家庭教会活動です。皆さんは、いずれにしても、個人基準を越えて家庭、氏族、民族、国家、世界、天宙基準まで蕩減《とうげん》条件を立てることはできません。ですから、父母様が皆さんに世界的な蕩減《とうげん》をさせるため、縮小した舞台として決定してあげたのが家庭教会です。

これは、全体を代表した型として、サタンと神様のみ前に決定的な条件になります。そのため、ありとあらゆることをうまくやっても、家庭教会活動ができなければ、天国に行くことはできません。

天国とは、サタンが讒訴《ざんそ》できない環境、すなわちサタンの讒訴圏を抜け出した環境です。ですから、そのような環境天国をつくろうというのが家庭教会です。

それでは、アダムは何ゆえに堕落したのでしょうか。環境天国をもてなかったからです。氏族圏ができれば、家庭天国は自動的に所有できるのです。

本来、神様の理想は、家庭天国の実現です。その氏族圏の中で、家庭天国は自然に形成されるのです。また、環境天国の勝利圏を確保することができます。

統一教会に入って家庭教会活動をしなければ、父母様に侍《はべ》ることができず、天とも通じることができません。（一九八一・一・二）

三百六十家庭教会をなぜするのでしょうか。三十六は十二数の三倍です。十二数は天理の度数です。これは、霊界の十二の真珠門のことを意味します。三十六家庭の数と同じです。

また、旧約時代、新約時代、成約時代の三段階の運勢を連結させることができます。それは、天道を解くために出てきたのです。

三百六十日の一日というのは、永遠を代表する一日です。皆さんがそのような観点で一日一日、家庭教会を訪ねていくことは、歴史時代の数多くの日を、神様のみ前に勝利の日として立てるための活動なのです。

三百六十家庭は、人類が天の国を建てられず、勝利の日を立てられなかったことを取り戻すためのものです。言い換えれば、三百六十家庭は、三百六十日を神様のみ前に立てるためのものであり、天の国を人類と共有するようにするためのものです。ですから、三百六十家庭が必要なのです。（一九七九・一〇・二八）

アダムとエバが堕落することによって、神様を地球上から追放してしまいました。皆さんが三百六十家庭をもつことによって、その三百六十家庭に神様を顕現させることができるのです。

その次に、アダムとエバが堕落することによって追放してしまった天使世界が、地球上に顕現できる基盤になります。

また、堕落することによって万物を失ってしまいました。三百六十家庭は地球星《ぼし》と同じであり、失われた宇宙の象徴なので、万物がその中にすべてあるのです。その次に、世界人類を失ってしまいました。三百六十家庭は、世界の三百六十氏族のような全体を表象的に象徴した代表数なので、そこには万民を代表する数の人がいます。それをすべて復活させなければなりません。

復活させて、神様のみ前にお返しすることによって、皆さんは、過去の歴史において、堕落した私たちの先祖たちが失敗したすべてのことを復帰するのです。神様の顕現、天使世界の顕現とともに、万物の復帰、人間の復帰をして、この世界から地上天国化するのです。

（一九七八・一〇・一四）

三百六十軒を愛するための具体的な指導

みんなで、その三百六十軒の中に地上天国、外的天国をつくるのです。まず人的、内的人の天国よりも、外的環境的天国をつくる。庭があったら春に種を蒔《ま》いて花を咲かせ、壊れた所があったら、ペンチやハンマーなどを準備して修理してあげるのです。崩れている所があったら、専門家が三十分でできるところを、自分は三時間かけてやればいいのです。外的天国をつくるようなことをするのです。

これは奉仕です。水をやったり、草を抜いたりするのです。それは誰がやっても、みな歓迎しますよ。周囲が汚いのだから、自分がここに住んでいる以上は、社会奉仕をするのです。過去において自分が庭園の仕事をしてきたかどうかの説明は、どうでもいいのです。「こういうふうに見ていても気が済まないから、仕方なくこういうことをやるので、ご主人様、許してください」と言うのです。そうすると口を開けて、「はい、よろしゅうございます」と言いますよ。そうして家の中に入って、蜘蛛《くも》の巣が隅にあった場合には、全部掃除するために、一週間に一回ずつ訪問するのです。それを一人でするのです。

(一九七八・九・二三)

三百六十軒を訪問しても、最初は「統一教会、この野郎!」と唾をかけられたり、いろいろあるでしょう。でも黙々とやるのです。一つの峠を越えたら、また蕩減《とうげん》の峠を迎えます。待つのです。

個人、青年が反対し、町内会長が反対し、市長が反対し、全体が反対します。ですから、祈りとともに霊的サタンを屈伏させるのです。そうすれば必ず、実体的にも屈伏します。そういう現象が必ず起こってきます。あなたたちにどういうことが起こってくるかを、みんな教えてくれるようになるのです。

そうでなければ、あなたたちは霊界を開拓する道を発見することが絶対にできません。そこに感謝し得る自分にならなければ、「神様はいます」と言える体恤《たいじゅつ》は絶対にできません。その蕩減《とうげん》条件の絶頂に達すれば、よくやったと、必ず称賛を受けるのです。（一九七八・九・二二）

組織をちゃんとしておけば、競争するようになります。三位基台などをつくってやれば、自分は座って、電話を通して町全体の掃除運動、花園造りなど、みんな三位基台でさせることができます。

これは、社会的にあなたたちの住む所を中心として、共同的に開拓することによって勝利します。それについてはみんな、「そうです、そうです」と頷《うなず》いて答えるようになっているのです。

電話一本あれば、何でもできるようになります。親戚同士、知り合い同士、みんな仲間関係で、何でもできるようになるのです。電話で分かっているから、頼んでも無礼ではないし、それは正当だと見るべき環境がつくられるのです。（一九七八・九・二三）

統一教会のホームチャーチを勝利するには、目が見て喜ぶ所を探していくべきでしょうか、目の嫌がる所を探していくべきでしょうか。良い匂いのする所を訪ねるべきでしょうか、嫌な臭いのする所を訪ねるべきでしょうか。ディスコ、ダンスをする場所に行くべきでしょうか、それとも労働をしている所に行くべきでしょうか。

皆さんは地下室に行き、汗を流しながら掃除しなければなりません。トイレの掃除もしなければなりません。そのほかにも、私たちにできることはたくさんあります。そのような善なることをしていると必ず「もしもし、あなたはよくやってくれたので、そこから上がってきてください」と言われて、上に行くようになるのです。

善なることをすれば次第に近所のうわさになり、人々が来て皆さんを一番良い所に連れていくようになります。たとえ行きたくないと言っても、足を持ち上げ、胴上げして、人々が先頭に立って皆さんを連れていくようになるでしょう。

ある人は一年目でそういうことが起きます。二年、三年、四年、五年、六年、そして七年目にそれが起きる人もいます。それは人によって先祖からの蕩減量に差異があり、蕩減期間が異なるからだということを知らなければなりません。（一九八一・一・一）

重要なことはホームチャーチに勝利することです。ホームチャーチの場所に行って、ごみ箱の底までも掃除して、奉仕しなければなりません。たとえ文句を言われても黙って奉仕するのです。

なぜ、そうまでしなくてはならないのでしょうか。それは自分が完成するためです。人々を救うというよりも、自分が立てた蕩減《とうげん》条件で自分が救われるのです。すなわち、自分のためのホームチャーチなのです。

皆さんはそれらの人々のために、何か良いことをしてあげていると思っているかもしれませんが、決してそうではなく、彼らのほうこそ皆さんのために良いことをしてくれているのです。完成するのは彼らではなく、皆さん自身なのです。そして人々がサインすることによって、皆さんはホームチャーチの試練にパスするのです。

ホームチャーチは誰のためにするのですか。結局、先生のためにするのではなく、自分のためにするのです。もし自分の肉体が行きたがらないときには、「こら！」と一喝して、肉体を蹴飛ばしてしまわなければなりません。それでは誰が自分を蹴飛ばしてくれるのでしょうか。誰もそれをしてくれません。皆さん自身が自分の肉体を蹴飛ばさなければならないのです。(一九八二・一・二)

ホームチャーチは、あなたたちが自らを生きた供え物として、神に捧《ささ》げるための神聖な祭壇です。これは天宙的な祭壇となることでしょう。もし、あなたたちがそこで正しく一つの供え物を捧げたとしたら、全天国を継承しながら、全世界を捧げていることになるのです。それがホームチャーチの基準であり、あなたたちの責任分担の試練なのです。あなたたちのホームチャーチである三百六十軒は、あなたたちの愛（の実践）の場であり、奉仕の場であり、礼拝の場であり、祈祷の場なのです。そして、お金を稼いでそこの人々にごちそうして、お世話をして、教え、闇から光へと目覚めさせるのです。最終的には、あなたたちはホームチャーチのエリアでメシヤとして認められるでしょう。ホームチャーチに対しての氏族的メシヤなのです。（一九七九・一〇・四）

地域を愛する心構え

皆さんが、家庭教会で何をするのかというと奉仕です。肉体的に奉仕し、精神的に奉仕し、愛で奉仕しなければならないというのです。

それは再創造です。再創造するのです。そうして、そこで皆さんがどのくらい血と汗を流して多くの時間を投入したのか、それによって皆さんを歓迎する基準が変わるのです。

（一九七九・一・二一）

自分が天国に行くためにするのではなく、天国に送るためにするというのです。自分が祝福を受けるためにするのではありません。考えが違います。ですから、犠牲、奉仕、真の愛でなければならないということです。

家庭教会をする伝統的思想の内容は、犠牲、奉仕、真の愛なのです。そして、私の国もあなたの国もありません。ここで歓迎されてこそ、全天地が歓迎するのです。

(一九八二・一・二八)

家庭教会を中心として教えてあげ、手本にならなければなりません。皆さんが手本となり、すべて見せてあげなさいというのです。

家庭教会を勝利することによって神様の主権が生じ、国民が生じ、地が生じます。愛を中心として実績をもった人にならなければなりません。思想で、努力で、愛で主管しなさいというのです。

皆さんは、教えてあげる能力がなければなりません。その次に、努力です。実績をもった人にならなければなりません。その次に、愛を中心としなければなりません。その次には、神様が管理できる人にならなければなりません。(天一国経典『天聖経』第九篇 第一章 第二節10)

真の指導者になろうとすれば、真の父母の心情をもち、自分が責任をもった舞台で内外の作戦を立て、その舞台を内外の作戦によって消化していかなければなりません。そのためには、様々な材料を収拾して研究し、他の人よりも眠らずにもっと努力しなければなりません。

その村の人々にどのような刺激を与え、その人々にプラスの要件をどのように残してあげるかによって、その村が引っ張られてくるか、引っ張られてこないかということが決定します。（天一国経典『天聖経』第九篇 第三章 第二節32）

カイン・アベルが一つになる勝利的基盤が広がることによって、父母がこの地上に臨在できるのです。父母が現れることによって、私たちが福を受けることができ、天国の新しい出発ができます。

「私」独りではなく、父母に侍《はべ》って天国に入らなければなりません。統一教会で言えば、既に父母は現れましたが、カイン・アベルの世界的蕩減《とうげん》条件において、祝福家庭の基盤の上に、このようなものができていないというのです。

アベル的家庭の代表が勝利して、天の福を受ける者として町内に行けば、その町内の人たちが涙を流しながらひざまずき、「世の中は滅びても、あなたの家庭は福を受けなければならない」と言えなければなりません。悪の世の中にいる町内の人たちがすべてひざま

ずき、あがめられる家庭になってこそ、長子の位置に立つのです。（天一国経典『天聖経』第八篇 第三章 第二節17）

神様をあがめる人は血を流さなければならず、神様を愛そうとする人は涙を流さなければなりません。目から涙が乾いてはいけません。そして、神様を探し求めていこうという人は汗を流さなければなりません。

それで、父母の心情で僕《しもべ》の体を用い、人類のため、アベルの立場で犠牲になって奉仕し、精誠を尽くして与えなさいというのです。そのように与えながら誇るのではなく、もっと良いものを与えたいという思いをもち、恥ずかしさを感じながら与えなさいというのです。それが「神主義」です。（天一国経典『天聖経』第四篇 第三章 第三節23）

皆さんの心で、愛の鐘の音を聞きなさいというのです。そのようになれば、「私の口は愛の言葉だけを語るようになっていて、そうでない言葉は語らないようになっている」と言うようになるでしょう。愛の言葉でないものは、耳が聞かないようにし、愛でないものは目が見ないようにするのを感じなければなりません。

そのように生きれば、間違いなく皆さんは、遠からず神様の愛に酔うことができる境地に入るでしょう。霊界と直接通じ、家庭教会に関する難しい問題を、上手に、無意識のうちに、たやすくすべて解決できる主人公になります。三百六十家庭のどんな問題でもすべて解決できる、神様を身代わりする主人になるでしょう。

私がそのような愛の場に入っていけば、話をしないようにしようとしても、言葉が出てきます。本当に不思議なことがたくさん起こります。ありとあらゆることが起こるのです。自分が恐ろしい人であることを感じるようになります。このように、愛において、すべてのことが決定されるのです。（一九七九・一・二八）

家庭教会に行く時、義務的に行かないでください。愛の心に満ちあふれて行かなければなりません。自分の息子、娘が監獄に入っていたり、自分の愛する人が監獄に入っていたりすれば、「私は監獄に訪ねていかなければならない」と考えて行くのではなく、我知らず監獄に向かうのです。そのような心情で行かなければなりません。

そのような愛の心をもって、愛の鐘の音を聞きながら、「私は行く」と考えて行くのではなく、自分も知らないうちに、行かざるを得なくて行く所が家庭教会です。

その家庭教会は、私を滅ぼすのではなく、私を天国の愛、神様の愛の相続者にするための所です。そのようにするために神様が私を導いていることに対して、感謝しなければな

りません。(一九七九・一・二八)

祈祷は、ほかの人のためのものです。自分のためのものではありません。自分のためにする祈祷は、絶対に通じません。教会の問題、町の問題、世界の問題、このような問題を解決するために努力する祈祷をし、祈祷したならば、必ず行動しなければならないのです。村のために祈祷したのなら投入しなければなりません。祈祷だけして何をしようというのですか。行動しなければなりません。祈祷した分、行動しなければならないのです。(一九九四・一一・二二)

家庭教会がなければ、故郷に進むことができず、故郷に進むことができなければ、祖国に進むことができず、祖国に進むことができなければ、天国に進むことができません。家庭教会をつくれば、故郷がつくられ、祖国がつくられ、世界がつくられ、天国がつくられます。

どんな人よりも愛して、一つになるようにしなければなりません。霊界の人や、世界の人や、すべての存在を一つにしなければなりません。愛によって一つになるようにしておかなければならないのです。そのようになれば、家庭教会を中心として、小さな太陽、小さな星のようなものが昇るのです。

一つ出てきて、二つ出てきて、真っ暗なこの世の中に、光り輝く天国が開門されるというのです。その時には、この地上に、太陽のような神様がお出ましになれるのです。

（一九七九・一・一四）

私たち統一家は、現在の立場にとどまっているのではなく、発展しなければなりません。国家の運勢をもち、世界の運勢をもって生まれる子孫を残さなければなりません。結婚は、新しい民族、新しい国家を形成するために、そのようにできる人材を模索しようとしてするものです。

今まで世の中の人々は、自分のために結婚すると考えました。しかし、統一教会では、民族のために、世界のために結婚するのです。私たちの家庭は、歴史路程に存在した数多くの家庭を救える救世主の家庭です。

その立場は、世の中のすべての人々のために蕩減《とうげん》復帰して、霊界にいる霊人たちと後代の子孫たちのために、代わりに道しるべとなり、行くべき道を開いてあげる立場だというのです。そのような救世主の立場に立つために、「私」は生きているのだと考えなければなりません。（一九七〇・三・二二）

氏族メシヤと家庭教会

「七・一節」を宣布するときに、「氏族メシヤの登録をしなさい」と言いました。家庭的メシヤを越えて氏族メシヤになるのです。

氏族とは、父と母、夫と妻の二つの姓氏を合わせたものです。二つの姓氏を合わせた氏族のメシヤです。メシヤとは、真の父母のことを言います。

一人の個人的な姓氏だけでは、メシヤになることはできません。家庭的メシヤは氏族メシヤ候補であり、氏族は二つの姓氏が合わさったものなので、一つになれば氏族メシヤに上がっていくのです。

その次に、氏族だけではいけません。民族編成をしなければなりません。民族は、十二の氏族が入っていかなければなりません。十二支派が一つになってこそ、国の形態が備わるのです。（二〇〇三・七・二）

皆さん自身が行く道は、個人的心情圏から家庭的心情圏、氏族的心情圏、国家的心情圏、世界的心情圏、天宙的心情圏まで連結される基盤が形成されるので、この氏族的メシヤ基準がどれほど重要かを知らなければなりません。

家庭が蘇生《そせい》であれば、氏族は長成、国家は完成です。国家を中心として見るときは、国家が蘇生であり、世界が長成であり、天宙が完成です。世界を中心としては世界が蘇生であり、天宙が長成であり、神様が完成として、愛によって結ばれるのです。

この三段階原則で連結されていく発展原則を見れば、国を探し出すときに氏族的メシヤ基準が重要だというのです。（天一国経典『天聖経』第九篇 第二章 第一節 22）

故郷に帰って、氏族的メシヤにならなければなりません。そうかと言って、今まで長年活動してきた家庭教会がなくなるのではありません。

家庭教会の基盤はカイン基盤であり、自分の一族はアベル基盤です。家庭教会の基盤において涙と血と汗を流した功績をもてば、自分の一族は自動的に回っていくのです。

家庭教会を通して百人だけ伝道して自分の一族のところに行けば、「英雄が来た」と言って、その村が一晩で、一度に戻ってきます。その闘った経歴を報告するのです。（天一国経典『天聖経』第九篇 第二章 第二節 4）

皆さんが氏族的メシヤの使命を果たそうとすれば、カイン的氏族を復帰して、アベル的氏族を復帰しなければなりません。

皆さんが精誠を尽くし、皆さんの命令に従って自分の生命と財産をすべて投入して活動できる人を百二十人確保すれば、彼らが皆さんの父母に対して、「息子さん、娘さんを育てるのにどれほど苦労されましたか。息子さん、娘さんが私たちを生かすためにどれほど尽くしてくれたか分かりません」と言うようになるというのです。

そのように、百二十人が皆さんの一族を中心として宴《うたげ》をしながら、一言ずつ称賛するようになれば、一晩ですべて回っていくというのです。（天一国経典『天聖経』第九篇 第二章 第二節 3）

氏族的メシヤは、一代において氏族を中心として、故郷を案内する先鋒《せんぽう》です。モーセのように出エジプトの先鋒です。

盲目的ではありません。故郷を訪ねていかなければなりません。しかし、カインを探し出さなければ故郷に入れないというのが、原理的な事実です。サタン世界に兄の氏族が残っているので、彼らが自分の氏族のところに来るようにして、兄を救ってあげなければなりません。そのようにしなければサタン側になるのです。兄を救ってあげてから行ってこそ、兄が垣根となり、自分の故郷に帰って、自分の一族を救えるのです。

そのようにしなければ、皆さんの父親と母親を伝道しておいても、サタンが再びかみついてきます。また引っ張られていくのです。そうなる危険性があるので、神様はこのような摂理をせざるを得ないのです。自分の父親、母親、自分の一族、故郷をすべて伝道しても、再び引っ張られていくのです。（天一国経典『天聖経』第九篇 第二章 第一節29）

今後、自分の氏族的メシヤ圏に責任をもち、外的なカイン圏と氏族的アベル圏を一つにしなければなりません。その基盤の上に、氏族的メシヤが設定されるのです。ホームチャーチ基盤を築いたのちに、氏族的メシヤ圏を一つにし、二つの氏族が一つにならなければならないのです。これが一つにならなかったのでイエス様が死んだのです。ですから、死んだイエス様の恨《ハン》を解いてあげなければなりません。カインとアベルの氏族が一つになってこそ、氏族的メシヤが設定されます。今ではもう迫害がないので、何年もかかりません。簡単だというのです。（一九九〇・一二・二）

氏族的メシヤは、カイン・アベルの二つの一族を抱《いだ》かなければなりません。自分の一族とカインの一族を抱かなければならないのです。イエス様を中心として見るとき、ヨセフ家庭とザカリヤ家庭と同じです。この家庭が一つになれないことによって、イエス様が亡くなったのです。

今は、家庭教会と氏族教会が必要です。ヨセフ家庭とザカリヤ家庭が一つになったその上に、イエス様が立つのです。その氏族的メシヤに侍《はべ》り、国家的メシヤに侍るようになれば、復帰です。

そのため、家庭教会は、カイン的教会として氏族的メシヤの基盤であり、アベル的教会は自分の一族です。この二つを合わせなければなりません。そうしてこそ、氏族的メシヤの使命が終わるというのです。今や、氏族と完全に一つになるのは問題ありません。そして、外部的にも問題になることがなくなる時に来たというのです。

氏族的メシヤを任命したからといって、家庭教会がなくなるのではありません。この数十億の人類が復帰されても、家庭教会は必要です。体と心が統一され、全世界が統一されなければならないのと同じように、家庭教会も氏族の内外で統一されなければなりません。

（天一国経典『天聖経』第九篇 第二章 第二節 2）

氏族メシヤと還故郷摂理

アダムとエバは、堕落せずに、サタンのいない場で神様と愛の関係を結ばなければならないのですが、それを結べなかったので、初めてこれを条件的に立てました。それを基準として拡大すれば、それが大きくなります。そのような条件を立てたので、先生は皆さんに、「故郷に帰りなさい」と言うのです。父母様が勝利の主権をもったので、皆さんはカナン復帰をしなければなりません。

エジプト世界から故郷に帰ってきて、永遠に豊かに暮らせる幸福な家庭をつくり、新しい氏族を編成して国に接ぎ木しなければならないというのです。ですから、故郷に帰らなければなりません。

宗教の歴史に、「故郷から出てきなさい」という言葉や「出家しなさい」という言葉はありましたが、このように、「故郷に帰りなさい」という言葉はなかったのです。（天一国経典『天聖経』第九篇 第二章 第四節16）

皆さんは、昼夜なく故郷で氏族復帰をしなければなりません。今まで、父母様が世界を復帰するために血涙を流したのと同じように、皆さんは故郷で氏族復帰のために精誠を尽くすのです。自分の一族を救う責任を、全世界の祝福を受けた家庭が果たさなければなりません。今、祝福を受けた家庭が全世界に広がっています。

神様は、イエス様をメシヤとして送るとき、息子一人だけを送りましたが、父母様は、祝福を受けた息子、娘だけでなく、結婚した家庭とその息子、娘たちまで送り、氏族メシヤ圏を発表したのです。

ですから、悪魔は、この地上世界で既に失敗したので、荷物をまとめて自分が行くべき所を訪ねていかなければならないことを知っています。それで、最後部に立って救われることを願っているのです。

それゆえに、地獄も解放しなければならず、悪魔も救済してあげなければなりません。神様の復帰摂理を知っている人は、そのようにしなければならないのです。（一九九二・四・三）

父母様を中心として、挙国的な活動をしなければなりません。ですから、全国的に皆さんが自分の故郷に帰り、影響を与えて根を下ろさなければならないのです。根を下ろすようになるとき、神様が収穫できる新しい実を結ぶ木になるでしょう。

それでは、その種をどこに蒔《ま》かなければならないのでしょうか。畑に蒔くのではありません。自分の一族に蒔かなければなりません。父母と兄弟たちに蒔かなければならないのです。それが四位《よんい》基台です。創造理想は四位基台の完成です。愛の理想の完成です。

ですから、愛の理想の中心である家庭に植えなければなりません。父母を通して種が生じたのと同じように、そこに行って（実を）取り入れ、一周回ってこなければなりません。これが循環法度《はっと》です。循環論理によって実を取り、父母の愛のもとに（その種を）植えなけ

ればなりません。このようにして、父母と兄弟が喜べる深い愛の根を下ろせば、生き残るのです。（一九八八・二・一八）

真の心情を、本郷の地に植えなければなりません。これを植えられなかったのが堕落ですが、今や帰る時が来たので、早く植えておこうというのです。ここに、あらゆる精誠を尽くさなければなりません。

ですから皆さんは、皆さんの一族の族長家庭にならなければなりません。これから故郷に帰り、真の祭物を捧《ささ》げ、真の愛の種を植えて、希望の祖国が明けてくる、その日のために前進しなさいというのです。（天一国経典『天聖経』第九篇 第二章 第三節16）

再臨主が氏族メシヤを派遣し、家庭的メシヤとして堕落していないアダム家庭と同じ価値を認定することによって、皆さんの故郷は神様が共にいらっしゃることのできる故郷になるのです。そのようになれば、そこは自分が生まれた故郷になり、父母自体が自分の先祖になります。

氏族メシヤの重要な三大使命は、第一が先祖を復帰することです。第二が故郷を復帰することであり、第三は、人類始祖であるアダムとエバが堕落することによって神様も

追放されたので、その神様と同居することです。それが氏族メシヤの三つの使命です。（一九九三・一〇・一四）

皆さんは、故郷を訪ねていかなければなりません。そのようにしなければ、皆さんの父母が完成したアダムの栄光の位置に立てる時を失ってしまうのです。今、ぼうっとしていて、霊界に行ったとき、父母が見ればどのように思うでしょうか。

自分の一族に対して関心をもたなければなりません。故郷に行けば、まず父母のことを考え、親戚のことを考えるでしょう？

皆さんが暮らせる基地は、親戚関係を基盤として形成されるのです。そのようになれば、そこが第一の基地となり、皆さんは、自由自在に暮らすことができます。どのようになろうと、そこは、すべて氏族的メシヤが占有するというのです。

何かを食べるときも、先祖の立場で尊敬を受けながら食べ、どの家に行っても厚遇を受けられる道があるのです。（一九九二・二・一二）

氏族メシヤとして故郷に行くようになれば、一人で基盤を築くのは大変です。生活的な面でも、子女たちを連れて暮らさなければならないのに、家もないので難しいのです。避難生活のようです。

それで、四位基台《よんいきだい》の家があれば、その家で粥《かゆ》を炊いて食べるなら、一緒に炊いて食べながら、合同生活をしなければなりません。そのように出発するのです。一人でするのは難しいので、四人が兄弟のように活動しなさいというのです。四人兄弟が一緒に、東でも西でも南でも北でも、どれか一つの方向を受け持ち、どの方向が先に（統班《トンバン》）撃破《ギョッパ》できるのかという目標を中心として、重点的に教育するのです。

その次に、人が足りないときは、十二人でこのことをするのです。一人が基盤を築くに当たって、三人、四人が、また十二人が一つになり、一つ一つ基盤を築いて進んでいきなさいというのです。そうすれば、一度に席巻《せっけん》することができます。（一九九一・八・二九）

氏族的メシヤにとって、家庭がその教科書です。自分の先祖が顕現したのが祖父、祖母であり、母と父は現在の代表であり、皆さんは未来の代表です。この三時代を縮小したのが、氏族的メシヤの愛の教科書です。

そのように一つとなった心情を中心として、世界の東西南北のどこに行っても、そのように暮らすことができ、そのように接することができれば、世界には祖父、祖母のような人、母、父のような人、兄弟のような人がすべているので、そのように温かく接し得る天の国の民として、天の国の愛を所有した人になるので、天国に行くのは問題ないというのです。他人を自分の父母、兄弟のように接することができる雰囲気になれば、霊界とすぐに連結されるのです。皆さんは、家庭において、そのような生活をしなければなりません。

そのような雰囲気を造成するために、今から氏族的メシヤとして還故郷しなければなりません。それが皆さんの使命です。いくら難しくても、克服しなければならないのです。（天一国経典『天聖経』第九篇 第二章 第三節 8）

祝福家庭は杖《つえ》と同じです。世界的な死亡の世界を渡っていける橋であり、そのような道に導く杖です。家庭がそうなのです。皆さんが伝道に行くべき所は故郷です。故郷に帰りなさい、還故郷せよというのです。

皆さんは、先生よりも福のある立場にいます。先生は、いまだに故郷に行けません。先生の故郷は北朝鮮なので、国家が統一されるまでは故郷に行けないのです。橋を渡れません。還故郷できないというのです。

しかし、皆さんは、還故郷できるではないかというのです。愛する父母、妻子、兄弟を抱《だ》きかかえて、涙を流しながら痛哭《つうこく》することができ、永遠に滅びざるを得ない民族を心配する立場で、自分の父母、兄弟を抱きかかえて痛哭の涙を流し、彼らを感動させられる環

境をもっているではないかというのです。（天一国経典『天聖経』第九篇 第二章 第四節 7）

み言《ことば》訓読家庭教会

今から日本に帰れば、使命が待っています。その使命というのは、どのようにして日本全体を網のような組織で連結するかということです。そのような組織を編成し、その網を引き上げれば、日本全体が引き上げられるようにしなければなりません。

それを誰がするのかというと、地上の人間です。地上の人間が動き始めれば、霊界は当然、それに歩調を合わせて、相対圏としての権限を地上に行使するようになるのです。

（二〇〇一・九・二）

それで今、訓読教会をつくっているのですが、日本全体に影響を与えることができる教会になると考えています。

問題は、訓読会をして、何人が集まるかというところにあります。そのすべての教会ごとに、千人から一万人が集まるようになれば、とてつもないことになるというのです。そのような組織をつくろうと計画しているのです。（二〇〇一・九・二）

日本の人たちが本をたくさん読むということは、世界的に有名なので、真理の本を与えれば、すべての人が読むようになっています。そして、その内容が貴いということが分かれば、誰でも動かざるを得ないというのです。

そのようになれば、霊界が協助するようになっています。統一教会の財産は、神様と霊界です。（二〇〇一・九・一）

今まで霊界の聖賢たちが統一教会のために待っていたのですが、彼らの希望が地上で成し遂げられるので、霊界まで連結させて復帰するのです。それで、地上と霊界が完全に一つになります。

ですから、皆さんが地上で「原理」をよく学び、すべての人たちに影響を与えることができる実力をもつようになれば、霊界に行ってもそのまま指導者になるのです。（二〇〇一・九・一）

きょう、訓読会を通してたくさん学んだでしょう？　そのみ言《ことば》を読んで、そのまま流してしまうのではありません。自分の氏族に、すべて教えてあげなければならないのです。

東西南北を中心として、そのような組織をつくらなければなりません。（二〇〇一・九・一）

先生のみ言に従って実績を残さなければならない、ということをはっきりと分かりましたか。今から日本に帰って、どのようにしなければならないのですか。

訓読教会を十倍にするのは、問題ありません。家に帰って親戚たちを集めれば、十倍以上いるではないですか。そうでしょう？　涙を流しながら、その全員を教育すれば、周囲にいる親戚の中で若い人たちは、みな感動を受けるというのです。（二〇〇一・九・一）

統一教会が認定するからといって、天国に入れるのではありません。手続きを踏み、国民としての生活をしなければなりません。税金を捧《ささ》げたりしなければなりません。統一教会もなくなり、宗教もなくなり、政治もなくなります。国家もなくなるようになっているのです。

先生が生きてきた生活と心情を訓読会で徹頭徹尾、教育することによって、世界は一つの大家庭国家、一つの国家心情世界になるのです。ですから、訓読教会であり、訓読家庭です。教会は家庭を求めていかなければなりません。（天一国経典『天聖経』第九篇 第一章 第四節 7）

天国は家庭を中心として出発するのですから、皆さんが訓読教会の意味を知って実行すれば、それは驚くべきことです。

そこに教会があっても、家庭教会です。家庭教会は、心のような教会の上に家庭があるので、訓読教会を発展させるというのです。種を多く蒔《ま》いて、たくさんの収穫の実を収めれば、それを天上世界が、もしくは万民が食べて暮らせます。それで新しい出発をして、春を迎えるのです。

冬に耐えて生き残り、より高い次元の春の季節を迎え、また発展に発展を重ねることができる、その起源が訓読会をする家庭です。（天一国経典『天聖経』第九篇 第一章 第四節 5）

訓読をすることにより次元が変わります。天の国と地が一つになって訓読会をすれば、霊界がすべて降りてきて協助するようになっています。それをしなければ、自分が生きる道を開放することもできず、その目的を成就することもできないというのです。それで、訓読教会です。家庭教会です。

天国家庭がありません。神様も家庭がありません。天国に入れる家庭がないので、天国の民がいないというのです。これを再び編成しなければなりません。（天一国経典『天聖経』第九篇 第一章 第四節 11）

自分の氏族を中心として、訓読家庭教会をしなければなりません。これが世界的家庭です。訓読教会に出席している人は、もう国境がなくなるので、どこに行ってもその国が、私たちの国だというのです。文化と宗教の背後がどうだこうだと言える時は過ぎていくのです。（天一国経典『天聖経』第九篇 第一章 第四節 9）

訓読教会を勝利すれば、日本列島はもちろん、太平洋圏と大陸まで消化できる準備が整うと考えて、先生は、日本の人たちに希望をもっているのです。さあ、共同作戦で、先生が語った内容を完璧に成就しましょう。（二〇〇一・九・一）

神《しん》氏族メシヤとして

「氏族的メシヤ」という言葉は、なぜ出てきたのでしょうか。メシヤの立場は、父母の立場です。真の愛をもった主体にならなければ、「父母の立場」という言葉はあり得ません。

堕落した世界に一つだけ残っている本然のものは、愛する子女のために生きる父母の心です。堕落した世界に威厳ある姿で残っているたった一つの本然の心情基準は、父母が子女を愛する心です。消えゆく心情圏ですが、それが創世以降、本質的形態として残っている火種と同じなのです。（天一国経典『天聖経』第九篇 第二章 第一節 1）

父母様は霊界に行くようになります。そうなれば、この人類はどのようになりますか。父母様の使命は、誰が受け継ぐのですか。その位置はどのような位置ですか。子女たちが受け継ぐようになっています。天運が永遠に保護する位置です。

いくら世の中の人たちが皆さんのことを、父母様の子女ではないと否定しても、この関係を断ち切ることはできません。

皆さんは、そのような概念をもちましたか。父母様の使命を一〇〇パーセント引き継がなければなりません。

氏族メシヤとは、真の父母の子女の位置に立ったことを意味します。真の父母の完成した子女の位置です。それを贈り物として相続させてあげるのが氏族メシヤです。何よりも重要なものは、真の父母様に対する概念です。本然の存在です。（一九九三・三・一）

どのようにしてサタンに対する負債を清算し、神様と真の父母を解放するのでしょうか。今まで、歴史を通して、多くの蕩減《とうげん》を払いました。氏族的メシヤの使命を果たすことによって、神様を解放し、真の父母を解放することができるのです。

国家、世界、天宙がそこにつながっているからです。本来、皆さんが氏族的メシヤ、国家的メシヤ、世界的メシヤ、天宙的メシヤを通過してこそ、神様と連結されるのです。これらのものは、真の父母がすべてしました。皆さんには、氏族的メシヤとしての使命しかありません。（天一国経典『天聖経』第二篇 第四章 第二節12）

氏族的メシヤがなぜ貴いのかというと、家庭の前において中心に立っているからです。先生は、世界的な国の中心になっていますが、皆さん自体にはそれがありません。皆さんには、五パーセントの実績がないというのです。

そのため、先生が世界を愛し、国を愛したのと同じように、皆さんは神様を愛するように自分を愛し、夫、妻を愛し、自分の家庭を愛しなさいというのです。子女を愛するように自分の家庭を愛し、妻、夫を愛するように自分の家族を愛しなさいというのです。

国を愛し、世界を愛しなさいというのです。そうすれば、国と世界は先生が既に連結しているので、自然に連結されるのです。（天一国経典『天聖経』第九篇 第二章 第一節21）

今の自由世界を滅ぼすのが個人主義です。この個人主義の自由世界がどのように生き残るかが問題なのですが、これは簡単です。ために生きなさいというのです。ために生きることだけで、すべて救われるのです。統一教会が宗教を統一できるでしょうか。統一する時まで、私たちはために生きるのです。

今や最後に残った終着地はどこでしょうか。解決方法は何かというのです。すべての壁を崩し、恵沢を受けようとすれば、どのようにすべきでしょうか。

氏族的メシヤになりなさいというのです。世界的にこれさえ終われば、個人的讒訴《ざんそ》条件、家庭的讒訴条件、氏族的讒訴条件、民族的讒訴条件、国家的、世界的讒訴条件がすべてなくなるのです。（天一国経典『天聖経』第九篇 第二章 第一節24）

氏族的メシヤ権を皆さんに与えたことは、歴史上の数多くの宗教を総合した公義の実績をすべてもってきてあげたということです。

アダムが堕落せず、ノアが失敗せず、アブラハム、イサク、ヤコブが失敗せず、モーセが失敗せず、イエス様が失敗せず、先生が失敗せず、苦労の十字架を負わず、受難を受けなかった歴史時代の全体を、解放された場で備えたその結実を、何も知らない皆さんにもってきてあげたのです。

その名前の中には、数千万の人々の殉教の血の訴えがあり、修道を中心として受難に遭って犠牲となった数多くの善人の復活の基地となり、どこでも平面的に天の基地となって解放の歩みができる地上天国となることを望む願いが宿っています。血の訴えと、人類が願う訴えが一つになっているというのです。

氏族的メシヤは、ユダヤ教とキリスト教を中心として、縦的に降りてきながら失敗したすべてのことを、統一教会を中心として圧縮させ、伝統的な勝利の権限をもって、仏教や儒教など、すべての宗教が受けようとするあらゆる福を総合した場で、決定的な核として伝授したものです。それが氏族的メシヤだというのです。（天一国経典『天聖経』第九篇 第二章 第一節 31）

皆さんは、氏族的メシヤの祝福を受けたので、この地に天一国《てんいちこく》が完成するときまで、その使命と責任を果たさなければなりません。

氏族的メシヤは、真の父母が下さる祝福の中で最も大きな祝福です。蕩滅《とうげん》復帰摂理の勝利的基台でなければ、堕落人間を氏族のメシヤとして立てることはできないからです。ですから、真の父母様の生涯の摂理的経綸《けいりん》の中では、常に氏族的メシヤの使命が強調されてきたのです。

天一国の天宙的完成は、氏族的メシヤたちがその責任を果たし、各氏族にみ言《ことば》と祝福とために生きる生活を相続させ、善の主権を立てて平和な世界、人類大家族理想の実現を通してこそ可能になるのです。（真のお母様、天一国経典『天聖経』第十二篇 第四章 第三節10）

皆さんは、勝利した真の父母の誇らしい真の子女であると同時に、神《しん》日本の希望であることを肝に銘じてください。

天の父母様のみ旨のために、韓国と日本の和合のために、そして摂理の祖国・大韓民国が、天の父母様に侍《はべ》る神統一韓国になるように応援して支援する、真なる子女になることを希望します。

そして、自由と平和と幸福があふれる統一の世界を建設する真なる父母の道、真なる夫婦の道、真なる子女の道、真なる祝福家庭の道を行く皆さんとなって、神氏族メシヤの使命を完遂する天寶《てんぽう》（家庭）となるように願います。（真のお母様、二〇二〇・七・一八）

第三章　天一国《てんいちこく》安着時代の摂理

二〇二五年から始まる年頭標語

「創造主・天の父母様に実体で侍って生きる天一国十三年、全世界の祝福家庭は、真の父母様と一つになった選民として責任を果たす天一国の真の子女になろう！」

これが天一国十三年、きょう、乙巳《きのとみ》の年から始まり、代々続いていく元旦のみ言《ことば》です。（真のお母様、二〇二五・一・一）

統一家の全祝福家庭は、天の摂理六千年を経て、人類歴史六千年を経て、真の父母を通して、実体で天の父母様を地上にお迎えすることのできる天一国が開かれたことをご存じでしょう。

天の大きな恩賜です。感謝しなければなりません。祝福家庭として、責任を果たさなければなりません。（真のお母様、二〇二五・一・一）

勝利した真の父母を通して、新しい歴史が出発してから十三年を迎えます。真の父母の責任は、地上で天の父母様の夢、創造の理想、地上天国を成し遂げることにあります。

真の父母は、多くの祝福家庭を全世界に誕生させました。彼らの二代、三代圏である、全世界に広がるピュアウォーターの子女により、一滴の水が集まって川となり、海に進んでいくように、私たちの未来は大きな栄光として輝くでしょう。

皆さんの精誠と実践により、きょう、天の父母様が喜んでお受けになることのできる恩賜の、感謝の、幸福な日となることを祝願します。（真のお母様、二〇二五・一・一）

皆さんは、年頭標語を知っていますね？

今の時代は、創造主・天の父母様に実体で、地上において真の父母と一つになった祝福家庭によって築かれた、選民の世界、国です。

ところが、過去のイスラエル選民は、責任を果たすことができませんでした。独り娘を誕生させた選民もまた、少し大変な思いをしています。

しかし、全世界で真の父母によって祝福を受けた祝福家庭により、創造主・天の父母様が現れ、キリスト教のイエス様の本質が現れました。それによって、今や過去の誤ったことは整理し、二十一世紀を、特に真の父母と共に、地上で天の父母様に侍《はべ》って生きるこの天一国《てんいちこく》十三年は、とても幸せで希望的であり、永遠なる未来に手が届くのです。天の父母様の夢、願いは、真の子女たちと共に暮らすことです。ですから、皆さんはみな、真の子女にならなければなりません。（真のお母様、二〇二五・一・六）

天の父母様に実体で侍って生きる

天は長い間、待ち焦がれ、耐えてこられました。そして、その待った結実は、堕落した人間の中で、天を父母として仕えることのできる中心的責任者、一人の男性と一人の女性です。言い換えれば、堕落した世界人類を救うことのできる、真の父母が誕生するのを待ってこられたのです。

天の苦労は結実し、韓民族を通じて真の父母が誕生しました。天の父母様の夢は、地上で、真の父母を通じて、善なる祝福の子女と地上天国の生活を共にされることです。しかしその道は、簡単ではありませんでした。

ところが、韓民族と韓半島を通じて、天の摂理の完成、人類歴史の完成を見ることのできる、奇跡のようなことが起きました。すなわち、真の父母によって、六千年間待ってこられた天の父母様の夢、人類の願いがかなえられるようになりました。天の父母様が直接、

今日、私たちと共に生活できる、天苑宮《チョヌォングン》・天一聖殿を奉献することになったというのです。（真のお母様、二〇二三・五・三）

私は天の父母様の夢を知っているので、七年間、到底言い表すことのできない（歩みの）中で、必ず地上に天の父母様に侍《はべ》ることのできる環境圏をつくろうとしました。

七カ国はもちろん、七つの宗教団体、さらには人類が希望として求めてきたその一日が近づいていることを知らせながら、大陸を復帰する過程を通して天一国《てんいちこく》安着を宣布するようになりました。初めて地上に、天の父母様が運行なさることのできる、天一聖殿を奉献し得る環境をつくり出したのです。

天城に入城された真のお父様は、今や地上の独り娘・真の母と共に、天の父母様に侍り、摂理歴史を進めるようになるでしょう。（真のお母様、二〇二一・八・二四）

今日、全世界が願っている、神様を中心とした一つの世界は、真の家庭から始まります。今や皆様、特にキリスト教徒たちは、神様を信じ、イエス様を信じることで終わってはなりません。神様に実体の皆様の家庭で侍って、共に尊貴と栄光をお返ししながら生きる理想世界、それが、天が願われ、私たちが願う地上天国です。（真のお母様、

（二〇一七・一一・一二）

私たちの理想家庭は、神様の安息所を訪ねていく家です。「私」個人の家から出発しなければなりません。その次に、夫婦の家です。

私個人の安息所にも神様がいらっしゃることができ、妻の家にも神様がいらっしゃることができるのですが、より大きな愛を中心として、夫婦の家に訪ねてくるというのです。

伝統も異なり、人格も異なり、主張も異なり、すべての姿も異なるのです。一八〇度異なる形が一つに結ばれる統一的夫婦形態を中心とするその安息所を、神様が訪ねてこられるのです。その神様に家庭で侍らなければなりません。

神様の家庭的夫婦安息所をつくらなければならないというのです。無形の神様が入ってきて、愛を中心とする主体として心のようになり、アダムとエバは実体の体のようになって、体と心の統一を成し遂げた基準を、体と心が一つになった愛の安息所を連結させなければなりません。

男性と女性のその基盤の上に、夫婦の安息所が展開することによって、家庭に神様の休む場所が生じるようになるのです。（天一国経典『天聖経』第十一篇 第五章 第一節 56）

天一国《てんいちこく》時代です。天一国は、完成した祝福家庭が真の父母と共に天の父母様に侍《はべ》って生活する地上天国を意味します。(真のお母様、二〇二四・八・二三)

真の父母様と一つになった選民

天地において運動する数多くの存在物の価値基準を決めることができる核心であり、中心が真の父母です。すべての存在の願いの価値を決めることができる要因が、真の父母なのです。神様が、そのような方でいらっしゃるからです。

歴史的な結実を追い求める原理の原因となり、時代の中心であり、未来の主人が神様です。したがって、真の父母は、神様が臨在することができる中心本部です。(天一国経典『天聖経』第二篇 第一章 第一節15)

真の父母が出てこなければ、真の子女が出てくることはできません。今まで、地上に真の人がいなかったので、真の父母が出てきませんでした。それで、統一教会では、真の父母を認め、その真の父母を発見して侍ろうというのです。真の父母の息子、娘になろうというのです。

その息子、娘になれば、真の父母がもっているすべてのものを相続するのです。真の父母がもっている相続権は、天地と神様までです。神様までも相続しようというのです。天地に主人がいなければ、その天地は何の価値もありません。その天地の価値を一〇〇パーセント認めることができ、その価値を永遠に主張できる「私」にならなければなりません。また、それを公認してくださる方に出会わなければなりません。その方が神様です。ですから、真の父母の相続権をもたなければならないのです。（天一国経典『天聖経』第二篇第四章 第五節11）

あなたたちは、地上に真の父母、独り娘、真の母がいらっしゃるので、真の母と一つになった位置に立たなければなりません。天の父母様の夢を、全世界の七十八億（当時）の人類が知らずにいてもよいのですか？

彼らが真の父母の誕生を知り、天の父母様が共にある私たちの真の家庭運動にみな、同参できるように、模範的な人生を生きることが、あなたたちの希望であり、未来です。（真のお母様、二〇二一・三・二七）

聖書に「先の者はあとになり、あとの者は先になるであろう」（マルコ10・31）という聖句があります。独り娘の時代は、独り娘と一つになれば、その結果、完成するのです。真の父母を通して祝福を受け、誕生した二世、三世、四世の皆さんをピュアウォーターであると言いました。皆さんのお母さんはワンオンマです。ワンオンマは天の父母様に直接侍《はべ》り、人類一家族の夢を実体で地上に実現していく役事《やくじ》をしています。

そうであるならば、ピュアウォーターである皆さんは、ワンオンマが展開する国家の復帰、世界の復帰を果たして、天の父母様に、私の家、私の家庭、私の教会、私の国で侍る地上天国を築いていくに当たって、中心人物とならなければなりません。

そのようにしますか？　私が地上にいる間に、皆さんが私と一〇〇パーセント、一二〇パーセント一つとなって、摂理の完成を成し遂げることだけが、永遠における、歴史的で偉大な中心人物になるのはもちろん、皆さんの家庭を通して名門家が誕生する道です。（真のお母様、二〇二四・五・一九）

皆さんが祈るとき、「六千年歴史の結実である私たち」と祈りますが、どうして六千年の結実なのでしょうか。父母の前の一人の子女にすぎないではないですか。しかし、真の父母と通じることができる子女の位置にいるので、歴史的な実であり、歴史的な結実であり、未来の出発の起源なのです。

したがって、皆さんの願いは、未来にあるのではなく、真の父母にあります。皆さんが、その真の父母と完全に一つになれば、世界も一つになるのです。（天一国経典『天聖経』第二篇第一章第一節13）

皆さんが真の父母と完全に一つになるとき、国家もあり、氏族もあり、民族もあり、家庭もあるのです。天地のすべての栄光の価値を総合した実体基準が、真の父母です。真の父母を世の中のお金と取り替えることができますか。自分の生命と取り替えることができますか。ですから、昔とは違うのです。

皆さんがどこに行こうと、真の父母に侍らなければなりません。皆さんの息子、娘も、千代、万代の子孫たちも、そのようにしなければなりません。（天一国経典『天聖経』第二篇第一章第一節14）

今日、左翼と右翼がすべて滅びるようになりました。誰がそのようにしましたか。神様と真の父母がそのようにしました。真の父母と一つになった家庭は、世界のどこにいようと、今まで真の父母が歩んできた道を相続したので、そこで強く、大胆であれというのです。

そうすれば、神様とこの宇宙が先生を保護するように、その家庭を保護するので、一国を消化することは問題ありません。皆さんが先生のように一線に立ちなさいというのです。戻ってはならないというのです。真の愛で直行するのです。（天一国経典『天聖経』第二篇 第四章 第四節10）

神様は、自分を忘れて歩んでこられたので、先生も自分を中心としては出ていくことができませんでした。神様は、そのような一人を求めてこられたのです。地上でそのような人を立てて蕩減《とうげん》しなければ、この悲しみの峠を越えることができませんでした。ですから、先生の家庭には、神様の六千年の悲しみの歴史が宿っています。

怨讐《おんしゅう》が内外で迫害をしながら、先生の路程を遮ってきました。神様もこのような道を歩んでこられました。地で誤ったので、このようになりました。神様の心情は、誰も知ることができなかったのです。このような環境においても、神様が願われる家庭を探して立てようと身もだえしてきた真の父母の道を、皆さんが再び歩まなければなりません。

ですから、過去を清算しなければ、この道を行くことができず、自分の家庭を中心としてはこの道を行くことができません。先生の内的な苦痛が、どれほど大きかったかを知らなければなりません。

皆さんの家庭を見て、父母様が苦痛を忘れることができなければならないのです。祝福家庭は、父母様の家庭の垣根になり、自分たちが立派だということを、見せてあげられなければなりません。また、新世界の代表的な家庭にならなければなりません。

今でも、そのような家庭になるために、身もだえしている人がいなければならないのです。

（天一国経典『天聖経』第八篇 第三章 第二節 7）


私たち全員は、真の父母様と真の家庭を中心として、和合と統一の心情文化共同体を築いていかなければなりません。

皆さんは、全員例外なく天の選択と先祖の功績、そして自らの後天的天稟《てんぴん》によってみ旨の道と縁が結ばれました。そして、数多くの迫害を顧みずに真の父母様のあとに従い、今日の勝利圏まで迎えるようになりました。

ですから私たちは、唯一の父母を中心とした一家族心情共同体です。世の中は、いまだに分裂と葛藤が満ちあふれていますが、私たち統一家は、人種、国境、およびいかなる障壁も軽く飛び越え、一つの兄弟姉妹になれるのです。ために生きる人生の手本を見せるならば、必ず成し遂げられる夢です。

特に、このような摂理の大転換期には、私たち全員が真の父母様と一つにならなければならないことを、肝に銘じてくださるようにお願いします。（真のお母様、天一国経典『天聖経』

第十二篇 第四章 第三節11）

祝福家庭は、真の父母が熱い涙を流す中、懐で生み変えた、天の血統を持つ真の子女です。天が立てた選民です。ですから、私は彼らを、「選民祝福家庭」と呼ぶのです。天上の夫、そして私は、永遠にこの選民祝福家庭を愛するでしょう。何より、み旨のために孤軍奮闘してきた多くの子女の熱い涙と汗を、一時も忘れることはありません。（真のお母様、『人類の涙をぬぐう平和の母』三〇九頁）

全世界的に百九十以上の国に、真の父母と共に歩む祝福家庭が大勢いるのです。彼らの願いは、天の父母様が抱《いだ》かれる人類一家族の平和世界です。地上天国です。このことを成就するにおいて、祝福家庭が責任を果たすことにより、この夢は、私たちの当代で必ず実現できます。

きょう祝福を受けた祝福家庭の皆さんと、すべての祝福家庭は、この時代に責任を持つべき、人類歴史の完成と天の摂理の完成を成す「選民祝福家庭」です。

選民家庭の前には、怨讐《おんしゅう》の国はあり得ません。すべてが神様と真の父母を中心とした一つの兄弟であるため、私たちは、天の父母様に侍《はべ》り、真の父母のみ言《ことば》どおりに実践躬行《きゅうこう》す

る祝福家庭として、祝福の選民として、その責任を果たさなければなりません。（真のお母様、二〇一九・七・二二）

責任を果たす天一国《てんいちこく》の真の子女

皆さんは先に導かれた者たちです。祝福家庭です。神様にとって、堕落世界の人類を天一国の民にすることが願いであれば、皆さんはそこに先に同参した者としてどのように協助しましたか？　それが歴史に残るのです。皆さんが真の父母様を通して祝福を受けたこと自体、歴史的な人物であるということです。

しかし、皆さん自身と皆さんの家庭だけを愛するのか、それとも、より大きくために生きる生活、み旨の前にために生きる生活をしていくのかによって、その比重は違ってくるでしょう。それで、私は「真の主人になろう」と言ったのです。

真の主人とは何でしょうか？　天の父母様、天地人真の父母様の願いを成してさしあげる立場にいる人のことです。天の父母様が創造してくださったこの宇宙、この地球星《ぼし》、世界をすべて整え、治めなければなりません。それが皆さんの責任です。

私たちの望みと願いはこのように大きいのに、この世の中、み旨を知らない世界は、今や滅びに向かって落ちていき、壊れていっているではないですか。誤った人間によって、この自然が破壊されているという……。これを、指をくわえて見ているだけの祝福家庭になってはならないでしょう。

これまで六十年の間、お父様が教え、示してくださったことを総動員して、間違っているこの世界の方向を変えなければなりません。

私たちには明確な目標があります。その目標にしっかりと到達し、人類を救わなければなりません。皆さんが住んでいるこの国だけではありません。全世界（を救わなければならない）ということを、いつも忘れずに生きなければなりません。（真のお母様、二〇一四・一・一三）

全世界の祝福家庭、統一家の家庭連合の食口《シック》たちには、責任があります。神様がアダム・エバを創造されて、彼らに責任を下さったように、祝福を受けた皆さんは真の父母の前に、天の父母様の前に責任を果たさなければなりません。天一国《てんいちこく》が始まったのに、神様が抱《いだ》こうとされた民がいなくてもいいのですか？

天の父母様は、天一国を開いてくださり、多くの準備をしてこられました。私は、皆さんが責任を果たすに当たって、天が準備した義人を探すようにと話しました。六千年の蕩《とう》減《げん》復帰歴史です。

堕落はしましたが、人間の本心は善を追求してきました。究極的には、絶対者であられる天の父母様の前に息子、娘となろうという願いがあります。天の父母様もまた、ご自身の子女を抱きたい夢がありました。

私たちはとても不足ですが、天が私たちのために精誠を尽くして準備された、その愛を受け得る皆さんとならなければならないのです。（真のお母様、二〇一八・二・二八）

皆さんには各自の責任があります。氏族メシヤの責任を果たさなければなりません。この驚くべき摂理時代に生きている皆さんが、皆さんのことだけで終始してはいけないということです。

全世界の人類、七十五億（当時）の人類が天の父母様の存在を知り、天の父母様の夢が何であったかを知り、勝利した真の父母を信じ、侍《はべ》って従うことによって、神様の前に出ていくことができ、真の子女の位置に出ていくことができる祝福の恩賜を受け得る時です。

このような時に、それを知ることができず、聞くことができず、そのような生を生きることができずに霊界に行く人類がいなければならないですか、いてはいけないですか？

宗教を統一し、政治、すべての面を統一し得るのは、宇宙の母、真の父母、独り娘を迎える道です。その道だけが、地球上に生きているすべての生命体が願う道です。

堕落した人類を通して、この美しい地球星《ぼし》がひどく崩壊し、破壊されています。それゆえ、私は宇宙の母として、真の父母として皆さんの後孫、未来を考えずにはいられません。この誤ったことを一つ一つ正さなければならないのが、私と皆さんの責任です。（真のお母様、二〇一八・二・二二）

責任が重要です。しかし、皆さんは、時代的責任だけでなく、歴史的責任を背負っているという事実を感じられないまま生きています。「私の先祖が私にかかっており、この時代の一族が私にかかっており、これからの子孫が私にかかっている」ということを感じなければなりません。

ですから、霊的指導者がその責務を果たすにおいては、自由な心をもてません。四面楚《そ》歌《か》のような立場で、一つの道だけをもって生きるのが、霊的指導者の責務なのです。

一つの道というのは何でしょうか。心情の道、孝行の道理を教える道以外には、行く道がありません。御飯を食べても、眠っても、その心情に徹しなければなりません。そのようにすれば発展するのです。（天一国経典『天聖経』第九篇 第三章 第一節 7）

皆さんは、神様の悲しみを知らなければならず、神様の悲しみが大きければ大きいほど、私たちを祝福したいと思う心が切実だということを知らなければなりません。

復帰過程にいる皆さんは、まず真の父母に侍《はべ》り、その次に、再びその関係を連結して、天上世界まで収拾しなければなりません。このような立場で、皆さんに天地を相続させてあげ、宇宙を相続させてあげ、万民を相続させてあげたいと思うのが、神様の心情です。したがって、皆さんは、神様の代わりに、真の父母の代わりに、真の息子、娘の使命を果たして、神様のみ前に立てられる真の子女の栄光の基盤を備え、神様が「忠臣だ」と言える基盤を備えなければなりません。（天一国経典『天聖経』第二篇 第四章 第五節 9）

ここに集まった皆さんは、様々な面において異なった人生を送ってきたでしょうが、皆さんが目的としてきたことは、真の父母に出会って、真の子女として誕生することです。それだけが、皆さんの未来における希望なのです。

今日、多くの祝福家庭の前で、氏族のメシヤになりなさいと語りました。祝福は、皆さんの祝福だけで終わってはいけません。皆さんは三時代に責任を持つ立場にあります。皆さんの先祖たちと、今後、未来の主役となる皆さんの子孫たちを指導すべき責任があるのです。それが、この堕落した世界で神様が抱《いだ》くことのできる祝福家庭の責任です。

祝福家庭が氏族メシヤの責任を完遂し、国家的メシヤ、世界的メシヤの立場にまで進ん

でこそ、人類が願い、天の父母様が願う人類一家族、平和世界が実現するのです。（真のお母様、二〇一八・五・二七）

天一国《てんいちこく》に、日本という国が抜けてよいでしょうか。天一国に入るにはどのようにすべきでしょうか。どうして、統一教会の歴史が六十年を過ぎるまで、日本の国民は統一教会を知ることができませんか。なぜ家庭連合を知ることができませんか。なぜ家庭の重要性を知ることができないのでしょうか。

日本は高齢化した国であり、〝人口の崖〟に来た国として、二つの悪条件をどちらも持っているのに、家庭連合は二世、三世の若者が真の家庭を築き、祝福子女を多く生んでいます。その事実を、日本の政治家や国民が正しく知るとき、皆さんを誇らしく思い、尊敬し、皆さんのためになることをしようと言うでしょうか、言わないでしょうか？　皆さんさえ確かなら、心配は要りません。自信はありますか？

私たちは、一人が進むのではありません。ピュアウォーターとして二世、三世圏が巨大な波を起こし、大航海をして、世界へ進んでいます。そこに同参した皆さんなのに、何を心配しているのですか。立派に果たすと信じています。

皆さんは、独り娘・平和の母と一つにならなければなりません。皆さんだけでなく、皆さんの国の指導者、政治家すべてが独り娘を歓迎すべきなのです。彼らが、「独り娘、私たちの国に一度来てください」と言えるように、皆さんが精誠を捧《ささ》げ、祈らなければなりません。（真のお母様、二〇二四・六・八）

天の父母様が何よりも願われていた故郷を取り戻してさしあげなければなりません。天の父母様の故郷はどこでしょうか？　真の父母様の故郷です。

そうだとすれば、日本と韓国が一つになり、祖国統一、南北統一の道へと向かうよう協助してあげることができなければなりません。必ずそのようにしなければならないのです。（真のお母様、二〇一三・一〇・二二）

今後、家庭連合は、二本の柱で進むと言いました。神霊と真理です。皆さんは、天心苑《チョンシムオン》で、祈祷の精誠をたくさん捧げなければなりません。いまだに、神《しん》統一韓国、神統一世界を築いていく上で、障害が多いのです。精誠を捧げなければなりません。（真のお母様、二〇二三・一二・六）

皆さんはどこに行っても、統一教会の信徒であると誇らしく宣布しなければなりません。

私たちは、真の父母様に属した人々です。私たちは、真の父母の子女たちです。争ってはならないというのです。争うのは、サタンを受け入れることです。宣布しなさいというのです。「私たちはナンバーワンの神様の子女である！」と言うのです。そうすれば、サタンが讒訴《ざんそ》することができません。

そのような考えをしっかりもちなさいというのです。（天一国経典『天聖経』第二篇 第四章 第四節11）

六千年の摂理歴史、人類歴史において初めてとなる、天の父母様を地上にお迎えする歴史的なこの時に、皆さんが共にいます。本当に皆さんは、幸福な祝福家庭です。祝福家庭は、祝福家庭としての責任があります。

氏族復帰、国家の復帰、世界の復帰は、皆さんが果たすべきなのです。私一人にさせていては、いけません。分かりますか？

皆さんの生きている間に、そのみ旨を成し遂げる環境圏を私が築いたように、皆さんもできます。

各地域で氏族復帰、国家の復帰に力を尽くすことを願います。（真のお母様、二〇二四・一〇・二六）

天の父母様に侍《はべ》る選民祝福家庭と家庭教会の安着
神様の摂理の着地点は私の家庭

2025年3月16日　初版第1刷発行
2025年4月 1 日　　　　第3刷発行

編　集　天の父母様聖会 世界平和統一家庭連合
発　行　株式会社 光言社
〒150-0042　東京都渋谷区宇田川町37-18
https://www.kogensha.jp

ISBN978-4-87656-393-7

定価は裏表紙に表示しています。
乱丁・落丁本はお取り替えいたします。

本書に対するお客様のご意見・ご感想をお聞かせください。
今後の出版企画の参考にさせていただきます。　感想はこちら→

2010000129937

生活信仰
生活伝道
生活教育

信仰の花が咲く家庭となるために

天一国安着の時を迎えている今、私たちには生活の中で神様を愛し、ために生きる実践をしていく「生活信仰」が求められています。真の愛の人格を備えた個人、夫婦となり、真の家庭を築いていく歩みが、自然に伝道、教育へと連結されていきます。天の父母様と真の父母様は、このような文化が宿る家庭と地域にこそ、安着されるのです。真の父母様のみ言から「生活信仰」、「生活伝道」、「生活教育」の主題に関連した内容を集めて編集した本書は、天一国安着へ向かう指針となるみ言集です。

◎ A5 判 136 頁
◎ 天の父母様聖会 世界平和統一家庭連合
◎ 定価 770 円（本体 700 円）⑩

【目 次】

ご注文は「光言社オンラインショップ」で　https://www.kogensha.jp/shop/